MANA

Weitere Titel von Almut Irmscher in der Reise-Lesebuch-Reihe:

Das **Island**-Lesebuch	(978-3-95503-127-5)
Das **Norwegen**-Lesebuch	(978-3-95503-130-5)
Das **Dänemark**-Lesebuch	(978-3-95503-133-6)
Das **Irland**-Lesebuch	(978-3-95503-136-7)
Das **Schottland**-Lesebuch	(978-3-95503-139-8)
Das **England**-Lesebuch	(978-3-95503-142-8)
Das **Portugal**-Lesebuch	(978-3-95503-146-6)
Das **Italien**-Lesebuch	(978-3-95503-149-7)
Das **Griechenland**-Lesebuch	(978-3-95503-152-7)
Das **Schweden**-Lesebuch	(978-3-95503-177-0)
Das **Kroatien**-Lesebuch	(978-3-95503-180-0)
Das **Toskana**-Lesebuch	(978-3-95503-183-1)
Das **Namibia**-Lesebuch	(978-3-95503-200-5)
Das **Spanien**-Lesebuch	(978-3-95503-209-8)
Das **Ostsee**-Lesebuch	(978-3-95503-212-8)
Das **Sardinien**-Lesebuch	(978-3-95503-231-9)

Weitere Titel von Gunhild Hexamer in der Reise-Lesebuch-Reihe:

Das **Kanada**-Lesebuch – Der Osten	(978-3-95503-186-2)
Das **Kanada**-Lesebuch – Der Westen	(978-3-95503-189-3)
Das **Kalifornien**-Lesebuch	(978-3-95503-203-6)
Das **USA**-Lesebuch	(978-3-95503-218-0)

Bibliografische Information der Deutschen Nationalbibliothek
Die Deutsche Nationalbibliothek verzeichnet diese Publikation in der Deutschen Nationalbibliografie. Detaillierte bibliografische Daten sind im Internet unter http://dnb.dnb.de abrufbar.

Titelfoto: egererfotodesign - Fotolia.com (Leuchtturm List Ost auf Sylt)
Bilder im Innenteil: Almut Irmscher

Zeichnungen: Tabea Sudrow
Umschlagentwurf, Satz und Layout: MANA-Verlag

Druck: Dardedze, Riga, EU
ISBN: 978-3-95503-215-9

Almut Irmscher

Das Nordsee-Lesebuch

Impressionen und Rezepte
von der deutschen Nordseeküste

Inhalt

Einführung

Deutschlands Küstengebiete sind zwei ungleiche Schwestern. Da ist zum einen die Ostsee, sanft und freundlich. Die andere der beiden hingegen ist herb und unberechenbar, launisch und gefährlich: die Nordsee.

Seit Menschengedenken drangsaliert sie die Küstenbewohner mit grauenhaften Stürmen, die das Wasser der nördlichen Eismeere mit unerbittlicher Wucht in die Deutsche Bucht drücken. Dann verschlingt es Mann und Maus, zurück bleibt nichts als das feuchte Elend. Die Gefahren der Nordsee und der sich ewig wandelnden Küste haben die Menschen hier seit jeher geprägt, sie spiegeln sich in alten Legenden und Geistergeschichten. Und sie zwangen die Menschen zu besonderen Maßnahmen, wenn sie überleben wollten. So bauten sie all die Deiche und Warften, Schleusen und Kanäle, die heute die Landschaft an Deutschlands Nordseeküste prägen.

Doch die oft so gnadenlose See ist auch Lebensspender. Sie ernährt einerseits die Menschen mit ihrem Reichtum an Meeresbewohnern. Und anderseits schenken auch die auf den ersten Blick so verheerenden Sturmfluten dem Land einen besonderen Schatz. Denn das Schwemmland der Nordseemarschen ist mit fruchtbaren Sedimenten bedeckt. Neben einzigartigen Salzwiesen, die Refugien für Seevögel und Weideland für Schafe bieten, gibt es die sandige Geest mit Heidelandschaft und endlosen Spargelfeldern. Im Niederland der Marschen floriert die Landwirtschaft, und an den Gestaden der Elbe findet sich Deutschlands größter Obstgarten, das Alte Land.

Hübsche Häuser, manchmal mit reetgedeckten Dächern, ducken sich hinter den Deich. Hier lebt ein besonderer Menschenschlag, wortkarg und eigensinnig, aber auch gesegnet mit einem ganz speziellen, trockenen Humor und voller Lebenskunst. Die Ostfriesen haben es sich wohlig eingerichtet und machen den Frostfingern des Nordseewindes mit ihrer einzigartigen Teekultur den Garaus. Zwischen gemütlichen Holländerstädtchen und weltoffenen Häfen findet jeder einen Ort zum Wohlfühlen, an endlosen Stränden, auf betörend schönen Inseln oder in den blühenden Gärten des Hinterlandes.

So individuell wie die Landschaft, so sind auch die kulinarischen Neigungen ihrer Bewohner. Von Kohl und Pinkel bis Labskaus enthüllen sie eine Kochkunst, deren Reize sich manch einem erst auf den zweiten Blick erschließen. Doch es lohnt sich durchaus, sie zu entdecken. Deshalb wird der bunte Bilderbogen unterhaltsamer Geschichten und Episoden in diesem Buch durch typische Rezepte ergänzt. Und zur Abrundung der Eindrücke erwartet Sie auf **www.almutirmscher.de** ein Fotoalbum mit vielen schönen Bildern von Deutschlands Nordseeküste.

Moin Moin! – Willkommen an Deutschlands Nordseeküste!

Das Gespenst von der Nordsee – der Schimmelreiter

Dunkle Wolken haben sich jetzt vor der Küste zusammengeballt. Schaumkronen reiten auf den Wogen, die heftig gegen das Ufer rollen. Grimmig zerrt der Herbstwind an den Jacken der Männer, die mit Schaufeln am neuen Deich arbeiten. Sie sind dabei, eine Kuhle in der sich flach zur Küste hin absenkenden Deichwand zu schließen, rasch, denn die Dämmerung ist schon hereingebrochen, und sie sehnen sich nach der Wärme und Geborgenheit ihrer Kate, wo ein dampfender Tee die müden Glieder von der Frostigkeit befreien wird. Doch diese eine Arbeit müssen sie noch fertigbringen, ehe die Nacht den grausamen Sturm erweckt. Denn seine Flut könnte den neuen Deich und damit auch ihr ganzes Dorf ins Unheil stürzen.

Doch da stürmt Hauke herbei, der Deichgraf. Wutentbrannt stößt er die Schaufelträger beiseite und wühlt seine bloßen Hände in die Kuhle, die sie sich zu schließen bemüht hatten. Wild tastet er in der lockeren Erde umher. Da bekommt er endlich ein feuchtes, haariges Bündel zu packen und reißt es zu sich empor. Es ist ein junger Hund, zitternd und kläglich fiepend schmiegt er sich an des Deichgrafen Brust.

„Wie könnt ihr so etwas Barbarisches tun!", brüllt dieser, „ihr abscheuliches Gesindel, mit dem Teufel seid ihr im Bunde!"

Er ist Hauke Haien, und er rettet den Hund davor, geopfert zu werden. Denn einem alten Aberglauben folgend wollten die Arbeiter etwas Lebendiges in den neu gebauten Deich eingraben. Hauke verhindert den grausamen Brauch, es ist ihm gleichgültig, dass die Dorfbewohner nun fürchten, auf dem Deich laste ein Fluch. Es ist eine raue und von Geisterglauben beseelte Welt, in der Hauke lebt, stets den Gefahren der nahen Nordsee und ihren Tücken ausgesetzt.

Doch dieser Hauke ist eigentlich kein liebenswerter Tierfreund. Gerne sitzt er stundenlang am Strand und schießt willkürlich Strandläufer mit Steinen ab, kleine, unschuldige Schnepfenvögel, in sinnloser Lust am Quälen. Hauke ist kein Gutmensch, er ist vielmehr eine janusköpfige Persönlichkeit, hin- und hergerissen zwischen Sanftmut, Liebe und Mitgefühl, Aggression, Grausamkeit und Hass. Fast könnte man meinen, er sei wie die Nordsee selbst, das Meer, an dessen Ufern er lebt. Er ist eine ganz besondere Gestalt, denn er ist kein Geringerer als der Schimmelreiter von Theodor Storm.

Den Dichter Theodor Storm faszinierten schon als Kind die Gespenstergeschichten Schleswig-Holsteins. Die Legende vom unheimlichen Schimmelreiter, welche zur Basis seines eigenen Werks wurde, nahm dabei für ihn eine Sonderstellung ein. Storm entwickelte daraus eine komplexe und tief greifende Geschichte, in der so viel dramatische Mystik steckt, dass die Novelle nicht nur zu großem Ruhm gelangte, sondern auch zu einer Art Sinnbild für norddeutsche Küstenromantik geriet. Der Schimmelreiter, dessen Silhouette sich einsam in sturmgepeitschter Nacht gegen den Himmel abhebt, ist ein Bild, das sich tief ins Unterbewusstsein eingräbt, und ein packendes Symbol für die Unbeherrschbarkeit der Nordsee.

Storms Schimmelreiter Hauke Haien war ein kluger Bursche, der schon als Knabe die Schwachstellen des Deichbaus erkannte. Mit diesem Wissen konstruierte er später einen neuen, weit besseren Deich, um seine eigene Scholle damit zu schützen. Doch so einfach gestaltete sich das natürlich alles nicht, es gab Machtkämpfe und Intrigen, Hass und Missgunst, einen alten Deich, der brach, und eine Flut, die Haukes Frau und Kind mit sich riss. Aus Verzweiflung stürzte sich Hauke mitsamt seinem Schimmel gleich hinterher, und so endeten auch diese beiden in der tosenden Flut.

Mit dem Pferd allerdings hatte es eine seltsame Bewandtnis. Hauke hatte es einst als heruntergekommene, klapprige Mähre von einem Reisenden gekauft und dann liebevoll aufgepäppelt. Dabei mutierte der Gaul zu einem prachtvollen Ross. Doch draußen, auf der einsamen Hallig Jeverssand, lag schon seit ungezählten Jahren ein Pferdeskelett herum, das mit dem Auftauchen des mysteriösen Schimmels plötzlich verschwand. War der Reisende der Leibhaftige selbst gewesen, der dem Pferdeskelett dämonisches Leben einhauchte, bevor er es an Hauke Haien übergab? Den Dorfbewohnern jedenfalls war der Schimmel stets zutiefst suspekt. Nicht besser wurde das, als manche hernach sogar behaupteten, das Skelett liege seit dem Fluttod des Schimmels wieder auf den Gestaden der Hallig Jeverssand...

Die Hattstedtermarsch und der Hattstedter Neue Koog im nordfriesischen Kreis sind der Schauplatz für Theodor Storms düstere Geschichte. Dieses Marschland war im 15. Jahrhundert mühevoll dem Meer abgerungen worden, und nur die Deiche konnten es davor bewahren, von den Fluten zurückerobert zu werden. Kein Wunder also, dass die ständige Bedrohung die Bewohner dieser Region zu schaurigen Legenden inspirierte. Hier, bei der Ortschaft Sterdebüll, gab es direkt am Deich eine Kneipe, den „Schimmelreiterkrug", und vielleicht kam Theodor Storm einst an diesem Ort die Idee zu der Rahmenhandlung, in welche er die alte Erzählung eingebunden hat. Denn die Gruselgeschichte wird in der Novelle den Gästen einer alten Gastschenke erzählt.

Theodor Storm gilt als bedeutendster Vertreter des norddeutschen Realismus. Er wurde 1817 in Husum geboren, und ein schriftstellerischer Lebensweg war ihm eigentlich nicht vorgezeichnet, denn er studierte in Kiel Jura und unterhielt später eine eigene Rechtsanwaltskanzlei in Husum. Doch schon mit 15 Jahren verfasste er erste Verse, und die Ausdrucksform des Schreibens ließ ihn fortan nicht mehr los. Seine romantischen Gedichte und Novellen haben sich tief in die Seele Norddeutschlands eingegraben und darüber hinaus in die Sphären märchenhafter Traumwelten von ganzen Generationen. Denn wer hat sich nicht in der Kindheit zusammen mit dem unersättlichen kleinen Häwelmann auf den Weg zu den Sternen gemacht? Ist vorwitzig mit seinem Bettchen weit hinaus bis ins Sternenzelt gefahren, bis die Sterne vor Schreck vom Himmel purzelten, der Mond ärgerlich sein Licht auslöschte und schließlich die Sonne mahnend über den Horizont geschaut hat? Bis sie dann den frechen Häwelmann kurzerhand zur Strafe hinab ins große Meer befördert hat. Das Meer jedoch war friedlich, und dann kamen bekanntlich ich und du mit unserem Boot und brachten den Lausbub sicher zurück ans Ufer.

Doch wenn in sturmumtosten Nächten der Schimmelreiter oben auf dem Deich erscheint, so heißt es, dann droht dem Land eine große Gefahr. Denn in diesen Zeiten ist das Meer alles andere als friedlich, weil es sich zur alles vernichtenden großen Sturmflut sammelt. Jetzt sollten wir beide unser Boot schnellstens in Sicherheit bringen und hoffen, dass der kleine Häwelmann wohlbehalten zu Hause ist!

Ragout vom Deichlamm

Zutaten für 4 Personen:

600 g Lammrücken (Deich- oder Salzwiesenlamm)
1 Gemüsezwiebel
2 Schalotten
3 aromatische Äpfel
4 Möhren
¼ Sellerieknolle
6 mittelgroße Kartoffeln
1 kl. Bund Blattpetersilie
500 ml Lammfond
½ Tl. gemahlene Muskatnuss
Speiseöl
1 Tl. gemahlener Zimt
Pfeffer, Salz

Zubereitung:

Das Fleisch waschen, trocken tupfen und in mundgerechte Würfel schneiden. Die Gemüsezwiebel schälen und grob würfeln, die Schalotten schälen und fein würfeln. Möhren und Sellerie putzen und in kleine Würfel schneiden, Kartoffeln schälen, längs halbieren und dann teilen. Die Äpfel schälen, vierteln und das Kerngehäuse entfernen, dann die Äpfel in ca. ½ cm dicke Scheiben schneiden. Die Petersilienblättchen abzupfen und fein hacken.

In einem Schmortopf etwas Speiseöl stark erhitzen und das Fleisch darin ringsum gut anbräunen. Zum Schluss die Schalotten hinzugeben und kurz mit anbraten. Mit dem Lammfond ablöschen, aufkochen lassen und nun Möhren, Sellerie, Gemüsezwiebel und Kartoffeln hinzugeben. Die Hitze reduzieren und mit Salz, Pfeffer, Muskatnuss und Zimt würzen. Zehn Minuten lang köcheln lassen, dann die Äpfel hinzugeben und alles weitere zehn Minuten schmoren lassen.

Vom Herd nehmen, die Petersilie unterrühren und auf Suppentellern servieren.

Dazu ein kräftiges Bauernbrot reichen.

Sturmflut – der kalte Tod

Wie wichtig die Deiche für das Überleben an der Nordseeküste sind, wussten die Menschen nicht erst seit Hauke Haien. Denn so friedlich das Wattenmeer der Deutschen Bucht bei ruhiger See auch erscheinen mag, nie darf man vergessen, dass hinter ihm die geballte Macht des Europäischen Nordmeers lauert. Seit jeher legte man daher penibelsten Wert auf die Pflege und Erneuerung der Deiche. Ein altes Sprichwort drückt es so aus: „Keen nich will dieken, de mutt wieken" – „wer nicht will deichen, der muss weichen". War es früher die Aufgabe der hinterm Deich lebenden Anrainer, sich unter Oberaufsicht des jeweiligen Deichgrafen um ihr Deichstück zu kümmern, so haben heute längst Deichverbände diese Aufgabe übernommen. Der durchgehend gleich stabile Zustand der Deiche ist nämlich unabdingbar, bricht der Schutzwall an nur einer einzigen vernachlässigten Stelle, so zieht das weite Flächen des Hinterlandes in Mitleidenschaft.

Wie fürchterlich die Folgen davon sind, haben die großen Sturmfluten den Menschen schon immer vor Augen geführt. Noch gar nicht allzu lange liegt es zurück, dass das Grauen wieder einmal über sie hereinbrach und viele Tote forderte. Es handelte sich um die große Flutkatastrophe von 1962, und sie traf vor allem die Bewohner der Stadt Hamburg, die doch tief im Binnenland liegt. Wie konnte das passieren?

Jener Winter 1961/1962 zeigte sich weit stürmischer als die Winter anderer Jahre. Ohne Unterlass tobten Orkane über das Nordmeer zwischen Norwegen, Island und Spitzbergen hinweg und wühlten dessen Fluten auf. Sie drückten das Wasser zunehmend von dort in die Nordsee, deren Wasserstand immer höher stieg. Er lag im Februar schon deutlich über dem normalen Pegel, war aber noch lange nicht bedrohlich.

Doch dann braute sich ein neuer Orkan über Island zusammen und machte sich auf den Weg in Richtung Südschweden. Weil die vorhergehenden Orkane die Tief- und Hochdruckgebiete über der Region bereits stark polarisiert und zu kräftigen Extremen aufgebauscht hatten, gewann dieser neue Orkan so viel Kraft, dass seine Windgeschwindigkeiten die Kapazität der damaligen Messgeräte deutlich überstiegen. Mit aller Gewalt drückte dieser Sturm das Wasser am 16. Februar in die Deutsche Bucht.

Nun machte es sich bezahlt, dass die Küstenbewohner ihre Deiche gut in Schuss gehalten hatten. Zwar gab es unter der heranbrausenden kolossalen Flut überall schwere Schäden an den Deichen. Böschungen rutschten ab, und drohende Durchbrüche konnten nur durch ein massives Aufgebot an Hilfskräften verhindert werden, die Unmengen von Sandsäcken auftürmten. Manche Deiche wurden so schwer demoliert, dass hinterher nur noch ein Neubau infrage kam.

Doch die tatsächlichen Durchbrüche an den Seedeichen hielten sich in Grenzen. Die Schäden waren zwar schlimm, doch Mensch und Vieh kamen meist mit einem blauen Auge davon.

Ganz anders erging es den Anwohnern am Unterlauf der Elbe und den Bewohnern der Stadt Hamburg. Denn hier hatte man die Gefahr zu lange unterschätzt. Die Deiche am Unterlauf der Elbe waren unzulänglich, nicht hoch genug und viel zu schwach. Ein wirksames Sperrwerk gab es noch nicht, und so drückte die gesamte Wassergewalt, die ringsum an der Küste von den Seedeichen aufgehalten worden war, in den Lauf der Elbe hinein wie in einen gewaltigen Trichter.

Die Flussdeiche brachen und die umliegenden Gebiete versanken in der salzigen Flut. Das Alte Land meldete Land unter, die Stadt Stade wurde großflächig überflutet. Es gab mehrere Tote. Schwere Zerstörungen markierten den Weg der Flutwelle, die unaufhaltsam flussaufwärts weiterrollte. Gegen Mitternacht erreichte sie Hamburg.

Hier hatten die Menschen mit so etwas nicht gerechnet. Schließlich ist die Nordsee rund 100 Kilometer entfernt, wie sollte sie da die Stadt Hamburg ernsthaft bedrohen können? Deshalb betrachtete man die Deiche weniger als Bollwerk gegen die Flut, sondern vielmehr als Teil des Stadtgebiets, das man nicht ungenutzt lassen wollte. So hatten die Hamburger ihre Deiche zu großen Teilen zweckentfremdet, Gebäude darauf errichtet und Kleingärten an den Böschungen angelegt. Besonders im Stadtteil Wilhelmsburg hatte diese Unsitte um sich gegriffen.

Hier befand sich der besonders breit angelegte Klütjenfelder Hauptdeich. Nach dem Ende des Zweiten Weltkriegs hatten Menschen, deren Wohnungen ausgebombt worden waren, das Areal in Kleingärten aufgeteilt und sich auf den Parzellen dauerhaft niedergelassen. Sie hatten die Grasnarbe abgetragen, um Wege, Hütten und Beete anzulegen. Doch die Grasnarbe ist ein ganz wesentliches Element für die Stabilität des Deichs. Deshalb ziehen allerorts Schäfer mit ihren Herden über die Deichanlagen, da die Tiere mit ihren kleinen Klauen die Grasnarbe immer wieder gleichmäßig festtreten und damit sichern.

Doch in Wilhelmsburg gab es keine Grasnarbe mehr. Zudem waren die Bombenschäden am Deich nur notdürftig mit Trümmerschutt ausgebessert worden. So kam es schnell zu großen Auswaschungen, die in rasender Geschwindigkeit zum Dammbruch führten. Für 200 Bewohner der Behelfshütten gab es keine Chance mehr. Die mehrere Meter hohe Schwallwelle der Flut ließ den gesamten Ortsteil unter sich versinken und riss dabei noch weitere Bewohner in den Tod. Sie bahnte sich ihren Weg weiter durch den Hamburger Hafen und überschwemmte Teile der Innenstadt. Ein Sechstel von Hamburg stand unter Wasser.

Die Behörden waren aufgrund der Wetterlage und der Meldungen aus den Küstengebieten eigentlich schon am Vorabend der Katastrophe gewarnt. Doch nahmen sie die Kassandrarufe nicht ernst. Auch in den Amtsstuben schien die Ansicht verbreitet zu sein, das doch so weit entfernte Meer stelle keine wirklich ernstzunehmende Gefahr dar. Als die Flut dann mitten in der Nacht über die Stadt hereinbrach, fielen die Telefonverbindungen, der Strom und das Verkehrsnetz abrupt aus. Das Chaos war perfekt.

Es gab keinerlei Pläne, was in einem solchen Fall getan werden könne. Persönliche Kalamitäten und Eifersüchteleien verhinderten außerdem die effektive Zusammenarbeit der Behörden. Entscheidungswege waren ungeklärt, wichtige Amtsleiter zogen es vor, zu Hause zu bleiben, statt sich dem Tohuwabohu auszusetzen. Erst als der damalige Hamburger Innensenator Helmut Schmidt in den Morgenstunden ein Machtwort sprach und sich kurz entschlossen an die Spitze der Einsatzleitung setzte, kam allmählich Ordnung in die Rettungsmaßnahmen.

Insgesamt forderte die Flutkatastrophe 340 Todesopfer, davon allein 315 in Hamburg. 20.000 Menschen verloren dort ihr Zuhause, 6.000 Gebäude wurden zerstört. Eine Welle der Hilfsbereitschaft linderte danach das größte Elend, das Spendenaufkommen erwies sich als phänomenal.

Vor allem aber wurde der Küstenschutz endlich überall ernst genommen und neu strukturiert. Deichanlagen wurden auf Grundlage modernster ingenieurwissenschaftlicher Erkenntnisse komplett neu errichtet. Gebäude, Bäume und sonstige Anlagen im Deichbereich mussten konsequent weichen. Deicherhöhungen, Vordeichungen und Sturmflutsperrwerke an Elbe, Weser und Eider sorgten von nun an für zusätzlichen Schutz der an den Flüssen liegenden Gebiete. Mit Erfolg: Als 1976 eine Flut gegen Hamburg rollte, die sogar noch einen Meter höher war als die Flut von 1962, hielten die Deiche. Die Hamburger und die Bewohner der Küstenregionen konnten endlich aufatmen.

Hamburger Aalsuppe

Zutaten für 4 Personen:

1 kg Knochen vom Holsteiner Katenschinken (beim Metzger vorbestellen)
200 g Erbsen (tiefgekühlt)
150 g Pastinaken
1 Zwiebel
1 Stange Porree
¼ Sellerieknolle
3 festkochende Birnen (Speckbirnen)
150 g Backpflaumen
100 g getrocknete Apfelringe
1 Tasse fein gehackte Kräuter (Dill, Thymian, Estragon, Majoran, Kerbel, Petersilie)
3 El Essig
60 g Zucker
80 g Butter (zimmerwarm)
40 g Mehl
Muskatnuss, Salz, Pfeffer

Zubereitung:

Pastinaken, Zwiebel und Sellerie schälen und würfeln, Porree putzen und in Ringe schneiden. Apfelringe und Backpflaumen in lauwarmem Wasser einweichen. Birnen schälen, entkernen und vierteln. Die Hälfte des Zuckers und 2 Tassen Wasser in einen Topf geben, gut vermischen und die Birnen hinzugeben. Aufkochen, 15 Minuten ziehen und dann abkühlen lassen.

Den Knochen in einem Topf mit 2 Litern Wasser zum Kochen bringen und 1 Stunde lang köcheln lassen. Sodann Pastinaken, Erbsen, Zwiebeln, Sellerie, Porree sowie Backpflaumen und Apfelringe mitsamt dem Einweichwasser hinzugeben und das Ganze ½ Stunde lang köcheln lassen. Anschließend den Knochen herausnehmen, das Fleisch davon lösen und zurück in die Suppe geben.

Die Butter mit dem Mehl verkneten, mit der Schöpfkelle etwas Brühe aus dem Topf entnehmen und darunterrühren. Diese Mischung in die Suppe einrühren und unter Rühren aufkochen. Mit dem Essig, dem Rest des Zuckers, Muskatnuss, Pfeffer und Salz würzen. Zum Schluss die Kräuter unterrühren und alles noch ein paar Minuten lang ziehen lassen.

Mit den kalten Birnen servieren.

Eine Aalsuppe ohne Aal?

Es heißt, dass mit dem Namen der Suppe eigentlich gar nicht der schlangenartige Fisch gemeint ist. Denn die Aalsuppe soll ein Resteessen sein, hinein kommt „aalens, was noch da is", und das sind Knochen und Gemüsereste. Zur Aufwertung kommt noch das Trockenobst hinzu.

Tatsächlich ist aber heftig umstritten, ob in die Aalsuppe nun Aal hineingehört oder nicht. Manche behaupten, der Aal sei später nur deshalb in die Suppe hineingeraten, um den ständigen Missverständnissen vorzubeugen. Andere bestreiten das vehement und behaupten, der Fisch gehöre auf jeden Fall in die Suppe, da diese traditionell ein Armeleuteessen aus aalreichen Bezirken sei.

Ich wage es nicht, hier Position zu beziehen.

Doch selbstverständlich kann man die Suppe auch mit Aal zubereiten. Dazu benötigt man als weitere Zutat 300 g Aalfilet, in ca. 1 cm breite Stücke geschnitten. Den Fisch gibt man 15 Minuten vor dem Servieren in die Suppe und lässt ihn bei mittlerer Hitze mitköcheln.

Man kann auch noch zusätzlich etwas Räucheraal und Brot zur Suppe reichen.

Entscheiden Sie selbst!

Teetied – ostfriesische Gemütlichkeit hält stets ein Tässchen Tee bereit

Geister, Stürme und todbringende Flut – unser Einstieg in die friesischen Küstenregionen war alles andere als heimelig. Höchste Zeit also für ein bisschen Wärme und Gemütlichkeit, und da ist es ganz passend, dass meine ostfriesische Freundin Doortje mich heute Nachmittag zum Tee eingeladen hat. Ostfriesen trinken gerne Tee, das ist ja allgemein bekannt.

Ein kalter Windhauch von draußen drängt sich mit mir in die Stube, als ich bei Doortje eintrete. Rasch schließt sie die Türe hinter mir, und der mit weiß-blauen Kacheln verzierte Kaminofen verbreitet Behaglichkeit im Zimmer. Mitten darin steht die Teetafel, die Doortje bereits liebevoll gedeckt hat. Die zierlichen, dünnwandigen Porzellantässchen schmückt eine „ostfriesische Rose", dazu passend steht in der Mitte des Tischs auf einem Stövchen eine dickbauchige Kanne.

Einst kam das feine Geschirr zusammen mit dem Tee aus dem fernen China, war entsprechend teuer und hoch begehrt. Als zu Beginn des 18. Jahrhunderts erstmals in Dresden das Geheimnis der Porzellanherstellung gelüftet wurde, begann man in Ostfriesland, das edle Geschirr von dort zu importieren, weil es natürlich günstiger war. Doch bei Mustern und Form orientierte man sich weiterhin am gewohnten chinesischen Design. Zwei Dekors setzten sich durch: eine blaue

Bemalung, „Blau Dresmer“ genannt, und die rote Rose, „Rood Dresmer“. Beide erfreuen sich ihrer Beliebtheit bis zum heutigen Tag. Denn es sieht nicht nur nett aus, der Tee entfaltet sein Aroma im hauchzarten Porzellan auch besonders gut. Zudem strömt die Wärme aus dem Tässchen leicht nach draußen und sorgt so für ein wohliges Gefühl beim Teetrinker, der vom friesischen Wind durchgekühlt ist. Und es besteht keine Gefahr, dass der Tee zu schnell abkühlen könnte, denn die Tässchen sind sehr klein und werden auch nur bis zur Hälfte befüllt.

Neben Kanne und Tässchen gehört auch eine Teedose zum Porzellanset. Früher gab es außerdem noch eine Porzellanschale, in der die Tässchen zwischen den einzelnen Befüllungen kurz ausgespült wurden, denn die Teeblätter schwammen lose im Tee herum. Heute benutzt man jedoch ein Sieb, wenn man den Tee in die Tasse füllt.

Und das geht jetzt keineswegs schnell von der Hand. Doortje grinst und erklärt, dass es Leute gibt, die beherzt zugreifen und ihr Tässchen randvoll kippen. Diese freilich haben keine Ahnung, was sie da tun. Natürlich wird kein Ostfriese sie zurechtweisen, denn Besserwisserei ist nicht des Ostfriesen Art. Stoisch und gutmütig wird er den Frevel ertragen, doch kann der ungehobelte Gast gewiss sein, dass man ihn nicht noch einmal zum Tee „nögt“, also einlädt.

Denn was hier stattfindet, ist kein einfaches Teetrinken, es ist vielmehr die ostfriesische Teezeremonie, und die hat ihre Regeln.

Da ist zunächst die Zeit. Mit Tee beginnt der Tag, und mit Tee geht er zu Ende. Den ersten Tee gibt es also am frühen Morgen, den letzten abends zwischen acht und neun Uhr. Die willkommene Unterbrechung am Vormittag ist der „Elführtje“, der „Elf-Uhr-Tee“. Er ist besonders bei älteren Leuten beliebt, die während des Teegenusses zur Tageszeitung greifen oder sich mit Nachbarn zu Klatsch und Tratsch treffen – zum „Klönschnack“. Die entsprechende „Teetied“ am Nachmittag findet gegen fünfzehn Uhr statt. Und weil es nicht von ungefähr heißt, „ostfriesische Gemütlichkeit hält stets ein Tässchen Tee bereit“, gibt es für Gäste auch zu jeder anderen Tageszeit eine frisch aufgebrühte Tasse Tee.

Eine? Nein, da findet gleich der nächste Spruch Anwendung, denn es heißt „dree is Oostfresen Recht“, mit anderen Worten, drei Tässchen müssen es schon sein. Diese Regelung stammt aus der Zeit, als Tee knapp und teuer war, damals nahm man sich die Freiheit, wenigstens drei Tassen genießen zu dürfen.

Heute gilt andersherum, dass mindestens drei Tassen getrunken werden sollten. Und hier kommt der Teelöffel ins Spiel, der neben dem Tässchen liegt: Möchte man keinen Tee mehr, so legt man den Löffel in die Tasse, das signalisiert dem Gastgeber, dass man fertig ist. Es ist die einzige Funktion des Teelöffels, denn damit im Tässchen herumzurühren, wäre gleich der nächste Frevel und ist deshalb strikt untersagt.

Die Teezeremonie geht wie folgt vonstatten: Doortje greift mit der filigranen silbernen „Kluntjezange“ ein Stück Kandiszucker und befördert es auf den Tassenboden. Diese „Kluntjezange“, so erzählt sie, hat sie zur Konfirmation geschenkt bekommen, sie ist ein wesentlicher Bestandteil der Aussteuer junger Ostfriesinnen. Mit der feinen Zange den groben Kandisbrocken zu packen, ist freilich gar nicht einfach und erfordert einiges an Übung. Dieser Kandisbrocken heißt „Kluntje“ und ist in einer konzentrierten Zuckerlösung entstanden, wo die süße Substanz im Laufe mehrerer Tage langsam auskristallisiert ist. Für braunen Kandis hat man den Zucker zuvor karamellisieren lassen. Dieser Kluntje stellt ein weiteres unverzichtbares Element der ostfriesischen Teekultur dar.

Nun endlich kommt der Tee selbst an die Reihe, der seit ein paar Minuten in der dickbauchigen Kanne zieht. Doortje hat zunächst die Kanne mit heißem Wasser ausgespült und sie damit vorgewärmt. Sodann hat sie einen Löffel Teeblätter pro Tasse hineingegeben und einen weiteren Löffel „für die Kanne", anschließend befüllte sie die Kanne mit dem heißen, aber nicht mehr kochenden Wasser bis zur Hälfte. Die Kanne wird mit dem Deckel verschlossen, nun zieht der Tee etwa vier Minuten lang auf dem Stövchen. Danach füllt Doortje die Kanne ganz mit heißem Wasser auf, und der Tee ist fertig.

Ostfriesentee ist eine eigene Mischung, die vor allem aus Assam Tee besteht. Erfahrene Teemischer mit guten Nasen verblenden dazu noch ein paar Ceylon-, Darjeeling- und Javateesorten, das Ergebnis ist ein herb-aromatisches Aufgussgetränk, dessen kräftige Farbe an Kupfer erinnert.

Doortje gießt den Tee behutsam über den Kandisbrocken am Boden der Tasse, und sofort setzt das wohlige Knackgeräusch ein, das so charakteristisch für die ostfriesische Teezeremonie ist. Das Knacken des Kandis zeigt an, dass der Tee genau die richtige Temperatur hat. Idealerweise wird der Tee nur so hoch in die Tasse gefüllt, dass die Spitze des Kluntjes noch daraus emporragt. Um diesen „Gipfel" herum legt Doortje nun mit der geübten Hand einer Zeremonienmeisterin die „Sahnewolke". Dazu benutzt sie den „Rohmlepel", ein kugeliges Silberlöffelchen. Früher verwendete man den dicken Rahm, der sich auf frisch gemolkener Milch absetzte. Da der aber kaum noch zur Verfügung steht, begnügt man sich heute mit normaler Sahne. Die Sahne bringt Doortje ganz vorsichtig am Rand der Tasse ein, sodass ein „Wulkje" – ein „Wölkchen" – in der Flüssigkeit entsteht. Das tut sie entgegengesetzt zum Uhrzeigersinn, womit man in Ostfriesland symbolisiert, dass die Zeit während der Teezeremonie zum Stillstand kommt.

„Tee as Ölje, Kluntje as‘n Sliepsteen un Rohm as‘n Wulkje“, erklärt Doortje und lächelt dabei zufrieden, „der Tee muss wie Öl sein, der Kandis wie ein Schleifstein und die Sahne wie ein Wölkchen“.

Nun ist es endlich so weit, wir dürfen trinken. Der erste vorsichtige Schluck offenbart das herbe Aroma des Tees vom Tassenrand. Beim nächsten mischt sich cremig und schmeichelnd die Sahne hinzu, und zum Schluss dominiert die Süße des gelösten Kandis vom Boden der Tasse. Das Geheimnis liegt also in drei verschiedenen Phasen des Genusses, und nun weiß ich auch, warum ich nicht umrühren durfte. Ein praktischer Grund für die Einführung dieses Rituals lag aber auch darin, dass der Kluntje in früheren Zeiten sehr teuer war und sich deshalb nur möglichst langsam auflösen sollte, damit er für mehrere Tassen Tee verwendet werden konnte.

Einen praktischen Grund hat es auch, dass das Teetrinken in Ostfriesland überhaupt so populär geworden ist. Tatsächlich liegen die Ostfriesen mit 300 Litern pro Person und Jahr auf Platz eins der Weltrangliste im Teekonsum. Doch das war nicht immer so. Ehemals trank man in Ostfriesland nämlich in erster Linie selbstgebrautes Bier.

Ostfriesische Seefahrer brachten im 17. Jahrhundert den Tee aus Asien mit nach Hause, und es entstand ein schwunghafter Handel, denn das exotische Getränk wurde in Europa schnell modern. Aber besonders in der Heimat erlangte der Aufguss Popularität, denn das Grundwasser in Ostfriesland ist trüb und brackig. Über diesen Mangel ließ sich mit aromatischem Tee gut hinwegtäuschen.

Alle Versuche der Obrigkeit, den Ostfriesen das Teetrinken später wieder abzugewöhnen, scheiterten kläglich. Denn der Vorteil des wärmenden Tees liegt beim windigen Küstenklima auf der Hand. Und außerdem war das Ritual den Menschen schnell zur lieben Gewohnheit geworden, versprach die Teetied doch auch immer eine wohlverdiente Pause vom arbeitsreichen Alltag.

Das führte sogar so weit, dass Ostfriesland während der Lebensmittelrationierungen im Zweiten Weltkrieg einen Sonderstatus als „Teetrinkerbezirk“ erhielt und es dort Teerationen auf Lebensmittelmarken gab. Und in den Jahren der Knappheit nach dem Krieg entstand ein schwunghafter Handel mit Bergleuten aus dem Ruhrgebiet, die als Schwerstarbeiter Teezulagen erhielten. Diesen Tee tauschten sie bei den Ostfriesen gegen Butter, Eier und Speck, und alle waren zufrieden.

Zufrieden bin auch ich, während ich behutsam an meiner zweiten Tassenfüllung nippe. Ich habe schnell begriffen, dass es hier nicht darum geht, den Durst zu löschen. Denn vielmehr wird eine ganz besondere Atmosphäre geschaffen: die wohlige Behaglichkeit Ostfrieslands.

In der Stadt Norden gibt es übrigens ein Tee-Museum, in dem man an einer Teezeremonie teilnehmen kann, auch wenn man keine Freundin namens Doortje hat.

Krüllkuchen

Zutaten:

500 g Mehl
250 g weiche Butter
4 Eier
150 g weißer Kandis
150 g brauner Kandis
1 Tl gemahlener Zimt
1 Tl Kardamom
1 Tl gemahlener Anis
Salz, Speiseöl

Zubereitung:

½ l Wasser in einem Topf zum Kochen bringen. Den Kandis hinzugeben und rühren, bis er ganz aufgelöst ist. Vom Herd nehmen, die Butter hinzugeben und rühren, bis sie ebenfalls flüssig geworden ist. Abkühlen lassen und dann nach und nach das Mehl, die Eier, die Gewürze sowie eine Prise Salz beimengen, bis ein Teig entstanden ist, der nicht zu fest und nicht zu flüssig ist. Abdecken und über Nacht im Kühlschrank durchziehen lassen.

Sollte der Teig am nächsten Tag zu fest geworden sein, mischt man vorsichtig etwas Wasser unter. Zum Backen soll der Teig dann so sein, dass er zügig von einem Holzlöffel läuft.

Ein Hörncheneisen von der Innenseite gut mit Speiseöl einfetten und auf niedrigster Stufe erhitzen. Mit einer kleinen Suppenkelle etwas Teig auf die Backfläche geben, das Hörncheneisen zuklappen und den ersten Krüllkuchen backen. Wenn er fertig ist, sofort zu einem Hörnchen rollen. Diese Arbeit erleichtert ein Waffelhorn aus Holz, notfalls geht es aber auch per Hand. Man muss zügig arbeiten, denn der Krüllkuchen wird schnell hart.

So weiter verfahren, bis der ganze Teig zu Hörnchen gebacken ist. Die Hörnchen etwa drei Stunden lang auskühllen lassen, dann in gut verschließbaren Blechdosen aufbewahren. So halten sie sich dann mehrere Monate lang.

Man serviert die ostfriesischen Krüllkuchen mit Schlagsahne zum Tee. Hauptsaison haben sie in der Weihnachtszeit und insbesondere zum Jahreswechsel, man nennt sie auch „Neujahrskuchen".

Aber wer hat schon ein Hörncheneisen? Man kann natürlich auch ein Waffeleisen verwenden, allerdings muss man darauf achten, den Teig wirklich nur hauchdünn darauf aufzubringen. Am besten befüllt man auch nicht die ganze Fläche, da die Hörnchen sonst zu groß werden.

Humor ist die Kunst, über sich selbst lachen zu können – der Ostfriesenwitz

Als wir beim Teegenuss ins Plaudern gekommen sind, habe ich Doortje eine Frage gestellt, die mir schon lange auf dem Herzen lag. Ich habe ein bisschen gezögert, denn ich wollte sie keineswegs beleidigen, aber dann habe ich einfach frei heraus gefragt. Warum hält alle Welt die Ostfriesen für dumm und demonstriert das seit Jahrzehnten sehr anschaulich in Form der Ostfriesenwitze?

Da hat mich Doortje einen Moment lang groß angesehen, und ich dachte schon, als Nächstes würde ich eine ordentliche Standpauke zu hören bekommen. Doch stattdessen stemmte sie die Hände in ihre runden Hüften, lehnte sich zurück und brach in schallendes Gelächter aus.

Prustend begann sie dann zu erzählen. Ja, meinte sie, es stimme schon, die Ostfriesen seien ein ganz besonderer Menschenschlag. Ihre Region im äußersten Nordwesten Deutschlands sei überwiegend ländlich geprägt, es gebe mit Emden, Aurich, Leer, Norden und Wittmund nur fünf mittelgroße Städte, die sich zudem räumlich so weit ausdehnen, dass auch sie einen eher ländlichen Charakter haben. Eine kosmopolitische Hafenstadt gibt es trotz der langen Küste zwischen dem Dollard bei Emden und der östlichen Landesgrenze bei Harlesiel nicht, weshalb Ostfriesland eher bäuerlich-traditionell geprägt ist. Es ist deutlich dünner besiedelt als der Rest von Deutschland, das bedeutet aber auch, dass man genügend Platz hat und das Land seine Leute gut ernährt. Vielleicht sind die Ostfriesen deshalb etwas gemütlicher und entspannter als die Bewohner anderer Gegenden.

Jedenfalls fühlen sie sich rundum wohl in ihrer Heimat, was allein schon die Geburtenrate demonstriert. Die liegt nämlich ein ganzes Stück höher als im restlichen Deutschland.

Die Ostfriesen gehören außerdem zur friesischen Volksgruppe und sind eine anerkannte Minderheit in Deutschland. Früher hatten sie sogar ihre eigene friesische Sprache, die aber mittlerweile vom Ostfriesischen Platt abgelöst worden ist. Dieser Dialekt hat ein paar phonetische und grammatikalische Besonderheiten, der Plural endet beispielsweise einheitlich auf -en, und außerdem macht man gerne alles ein bisschen niedlicher, indem man einen Diminutiv an die Wörter anhängt, und der lautet nicht wie im Hochdeutschen auf -chen, sondern auf die ostfriesischen Verkleinerungsformen -je, -tje und -ke. So hieß ja zum Beispiel der Kandiszuckerbrocken nicht „Klunt", sondern vielmehr „Kluntje".

Okay, warf ich ein, die Ostfriesen sind also ein eigener Volksstamm und damit ein bisschen anders. Deshalb hat man sie also ausgegrenzt und sich über sie lustig gemacht!

Wieder lachte Doortje. Im Prinzip habe ich schon recht, meinte sie, aber so einfach sei es nun doch wieder nicht. Und dann erzählte sie mir die Geschichte von der Entstehung des Ostfriesenwitzes.

Dazu, so fing sie an, musste zunächst einmal eine wichtige Grundvoraussetzung erfüllt sein: Es musste Massenmedien geben, die die landesweite Verbreitung einer Witzkultur überhaupt erst ermöglichten. Und so entstand der Ostfriesenwitz denn auch gegen Ende der Sechzigerjahre des letzten Jahrhunderts, als Fernseher, Radio sowie überregionale Zeitungen und Zeitschriften in ganz Deutschland Einzug gehalten hatten.

Wo die Wiege des Ostfriesenwitzes stand, erklärte Doortje, sei ganz genau überliefert. Das war nämlich so:

Im Städtchen Westerstede im Landkreis Ammerland gab es ein Gymnasium. Das Ammerland grenzt an Ostfriesland, und so kam es, dass auch von dorther einige Schüler kamen und das Westersteder Gymnasium besuchten. Wie vielerorts üblich, fand auch hier eine Grüppchenbildung statt, Ammerländer auf der einen Seite, Ostfriesen auf der anderen. Die beiden Gruppen piesackten, neckten und hänselten sich gegenseitig. Die Sache wurde dann 1968 auf die Spitze getrieben, als ein besonders gewitztes Köpfchen, der Ammerländer Oberstufenschüler Borwin Bandelow, in der Schülerzeitung die Rubrik „Aus Forschung und Lehre“ aufmachte. Hier verfasste er nun Artikel über die Wesensmerkmale des „homo ostfriesiensis“ und charakterisierte selbigen als tumb, trottelig und zurückgeblieben. Der Erfolg war gigantisch, und vielleicht hat der Schelm Borwin Bandelow deshalb später im Rahmen seiner Tätigkeit als Professor für Neurologie und Psychiatrie besonders auf dem Gebiet der Angststörungen von sich reden gemacht. Jedenfalls gilt er als der offizielle Erfinder der Ostfriesenwitze.

Die derben Späße auf Kosten der Ostfriesen trafen den Nerv der Region und fanden dort schnell Verbreitung. Lokale Radiosender griffen das Ganze auf, und bald erschienen die ersten Abdrucke in Tageszeitungen. Dann kamen die Magazine Spiegel und Stern und schrieben über den Nachbarschaftsstreit zwischen Ammerländern und Ostfriesen. Schlagartig wurden die Scherze bundesweit bekannt.

Die Ostfriesen sind ein sympathisches Volk, sie haben viel Humor und können vor allem auch über sich selbst lachen.

Deshalb war es ein Ostfriese, der seit 1971 ganz wesentlich zur weiteren Popularität der Ostfriesenwitze beitrug: Der Komiker Hannes Flesner aus Aurich machte die Ostfriesen und ihre plattdeutsche Sprache in ganz Deutschland zum Hit. In den Medien avancierte er zum Stammgast, er bediente das Klischee vom trinkfesten, hinterwäldlerischen ostfriesischen Deppen. In Flesners Folge stiegen die Sterne anderer Komiker aus Ostfriesland am deutschen Humoristenhimmel rasant auf, allen voran Karl Dall und Otto Waalkes, die die Scherze genüsslich weiter ausschlachteten und das schablonenhafte Verständnis vom Ostfriesen in den bundesdeutschen Köpfen festzementierten. Es war also ein Ammerländer, der den Ostfriesenwitz erfand, aber es waren die Ostfriesen selbst, die ihm zu seinem Triumphzug verhalfen.

Die Ostfriesenwitze stellten die erste große Witzwelle in der deutschen Geschichte dar. Ihnen folgten neue Spottopfer wie Mantafahrer und Blondinen, doch bedienen sich auch diese Witze zum Teil der typischen Frage-und-Antwort-Struktur der Ostfriesenwitze. Zum Schluss hat Doortje mir dann noch ein paar charakteristische Beispiele erzählt.

„Was ist eine Blondine zwischen zwei Ostfriesen? – Nicht die Dümmste." „Warum gibt es in Bayern keine Ostfriesen? – Es haben sich zwar viele auf den Weg gemacht, doch auf der A45 zwischen Olpe und Siegen gibt es eine Ausfahrt ‚Wenden'." „Warum lässt ein Ostfriese ein Centstück auf einer Parkbank liegen? – Damit er endlich Geld auf der Bank hat." „Warum haben die Ostfriesen immer eine leere Flasche im Kühlschrank? – Falls mal ein Gast kommt, der nichts trinken möchte." „Wie sind Ebbe und Flut entstanden? – Als sich die Ostfriesen an der Nordsee breit gemacht hatten, flüchtete das Meer entsetzt. Jetzt kommt es alle zwölf Stunden zurück, um zu sehen, ob sie noch da sind."

Speckfetten-Grau-Arten – Graue Erbsen mit Speck

Zutaten für 4 Personen:

250 g graue Erbsen*
250 g durchw. Speck
5 Zwiebeln
1 Stange Porree
3 Möhren
¼ Sellerie
1 kl. Bund Petersilie
80 g Butter
Salz, Pfeffer

* Nur in Ostfriesland und Schleswig-Holstein oder im Internet erhältlich. Sie sind mehlig und unterscheiden sich dadurch von grünen Erbsen.

Zubereitung:

Die Erbsen über Nacht in einem Topf mit ½ l Wasser einweichen. Am nächsten Tag den Speck in Würfel schneiden, die Zwiebeln schälen und ebenfalls würfeln. Möhren, Sellerie und Porree putzen und klein schneiden. Den Topf mit den Erbsen aufsetzen. Möhren, Sellerie und Porree hinzugeben, salzen, pfeffern und aufkochen. Die Hitze reduzieren und das Ganze 2–3 Stunden lang sehr sacht köcheln lassen, denn die Erbsen sollen nicht platzen. Köcheln lassen, bis das gesamte Wasser verkocht und absorbiert ist. Wenn das Wasser zu schnell verdunstet, muss man eventuell noch etwas nachgeben, am Ende muss aber alles verkocht sein. In einer Pfanne die Butter auslassen und Zwiebeln und Speck darin braun braten. Die Petersilie fein hacken und kurz vor dem Servieren unter den Erbsenbrei rühren. Erbsenbrei und Speckzwiebeln separat in vorgewärmten Schüsseln anrichten und servieren. Man gibt die Speckzwiebeln dann über den Erbsenbrei.

Dazu gibt es Graubrot, Gewürzgurken, Essigpflaumen oder Kürbis sowie Senf, Bier und Kümmelschnaps.

Traumschiff Ahoi – die Werft von Papenburg

Hoch im Norden des Emslandes liegt einer der ältesten Orte Niedersachsens: Papenburg. Der Ortsteil Aschendorf wurde bereits im 8. Jahrhundert urkundlich erwähnt. Schon seit dem 13. Jahrhundert gewann die Siedlung an Bedeutung, weil der Bischof von Münster eine Wasserburg errichten ließ, die den Geistlichen fortan als Unterkunft auf der Reise nach Ostfriesland diente. Wasser gab es hier zur Genüge, denn die Ortschaft lag im Moor. Schon seit langem hatten die Bewohner Kanäle angelegt, um das Land trockenzulegen und so den wertvollen Torf stechen zu können. Damit ließen sich nämlich vorzügliche Geschäfte machen, weil man ihn als Brennmaterial verkaufte.

Die Moorkolonisierung mithilfe von Kanälen war schon seit Vorzeiten bekannt. Sie machte es möglich, vormals unbewohnbare Gegenden zu besiedeln, doch einfach gestaltete sich das nicht. Man lockte arme Leute mit der Aussicht auf eigenes Land und Steuerfreiheit ins Moor, und nur deren auswegloser Situation war es geschuldet, dass sie Bereitschaft zeigten, die Härten der Sumpftrockenlegung zu schultern. „Den Eersten sien Dod, den Tweeten sien Not, den Drütten sien Brod“ – des Ersten Tod, des Zweiten Not und des Dritten Brot – so beschreibt eine alte Volksweisheit die Situation der Moorsiedler. Ihre unermüdliche Arbeit schuf im Laufe vieler

Jahre ein Netz von Kanälen, zwischen denen die Menschen in sogenannten „Fehnsiedlungen“ lebten. So kommt es, dass das Stadtbild von Papenburg bis auf den heutigen Tag von zahlreichen Kanälen geprägt ist.

Die Kanäle erwiesen sich schließlich als praktisch, um den gestochenen Torf auch gleich darauf abzutransportieren. Deshalb baute man sie zu einem Verkehrsnetz aus, das zum Fluss Ems hin leitet und von dort aus über den Dollard eine Verbindung zur Nordsee schafft.

Weil der Wassertransport zu einer wesentlichen Einkommensgrundlage der Papenburger aufstieg, ergab sich noch eine weitere Entwicklung: Für die Beförderung des Torfs brauchte man Boote, und so entstanden zahlreiche Holzschiffswerften, die Lastkähne bauten. Sehr erfolgreich, denn schon Mitte des 18. Jahrhunderts arbeitete jeder vierte Bewohner Papenburgs im Schiffsbau. Kriege stärkten diese Entwicklung, weil die Ems als Versorgungsstraße für Truppen genutzt wurde und sich daraus ein gestiegener Bedarf an Schiffen ergab. Noch um 1920 existierten 20 Werften in Papenburg. Doch dann kam der Niedergang, nur eine einzige Werft schaffte es, auf dem sich neu formierenden Weltmarkt zu überleben: die Meyer-Werft.

Dort wurden kleinere Passagierschiffe, Fähren und Feuerschiffe gebaut. Durch den Zweiten Weltkrieg hangelte man sich mit Reparaturarbeiten, danach versuchte man es mit dem Maschinenbau. Doch die Konkurrenz auf dem Weltmarkt wurde immer drückender, und Papenburgs letzte Werft wäre vermutlich ebenfalls untergegangen, wenn die Firmenleitung nicht in den Achtzigerjahren einen Trend vorausgesehen hätte, dessen gewaltiger Boom damals noch gar nicht zu erahnen war: Die Werft spezialisierte sich auf den Bau von Kreuzfahrtschiffen. Diesem pfiffigen Schachzug ist es zu verdanken, dass Papenburg heute eine Heimat für Traumschiffe geworden ist.

Rund 3.300 Beschäftigte schrauben hier an den fantastischsten Luxuslinern. Die beiden Trockendocks der Meyer Werft gehören zu den größten der Welt, das überdachte Baudock II hat eine Länge von stolzen 504 Metern. Von hier aus haben in den vergangenen Jahren mehrere AIDA-Clubschiffe ihre Reise auf die Meere angetreten, von denen die 2018 gebaute, mit Flüssiggas betriebene AIDAnova, die 6.600 Passagiere aufnehmen kann, das bis dahin größte in Deutschland gebaute Kreuzfahrtschiff war. 2023 gesellt sich ein weiteres Schiff dieser Dimension hinzu. Außerdem baut die Meyer Werft Prachtschiffe für mehrere andere Kreuzfahrtlinien, zum Beispiel Schiffe für die Disney Cruise Line, für P&O, für Royal Caribbean, Carnival, Costa oder die Norwegian Cruise Line. Ein Nebeneffekt ist, dass die Papenburger Werft auch Deutschlands größter Theaterbauer ist, denn schließlich werden die Kreuzfahrtschiffe teilweise sogar gleich mit mehreren Bühnen bestückt.

Immer wieder ist es den Papenburger Schiffsbauern gelungen, neue Aufträge an Land zu ziehen, und trotzdem ist das Geschäft mitunter krisengebeutelt, man hangelt sich dann von Auftrag zu Auftrag. 2014 ist die Meyer-Werft deshalb auch ins Yachtgeschäft eingestiegen, um ein weiteres Standbein aufzubauen.

Im Rahmen von Führungen können sich Besucher die Entstehung der Ozeanriesen vor Ort in Papenburg ansehen. Doch noch wesentlich spannender ist es natürlich, Zeuge der Ausdockung und der 36 Kilometer langen Emsüberführung eines solchen Traumschiffs zu werden. Tausende von Schaulustigen rahmen dann die Ufer der Ems, wenn es wieder einmal so weit ist.

Das ist freilich ohne erheblichen Aufwand gar nicht möglich. Denn schließlich ist die Ems als mittleres Flüsschen nicht gerade für das Befahren mit solch gewaltigen Hochseepötten prädestiniert.

Man hat sie deshalb mehrfach vertieft, sodass sie nun eine Wassertiefe von 7,3 Metern aufweist. Infolgedessen erhöhte sich die Fließgeschwindigkeit der Ems, wodurch sie mehr Sedimente mitführt, die sich in den Häfen des Unterlaufs ablagern. Um dort der Verlandung entgegenzuwirken, ist ein erheblicher Mehraufwand nötig, was die Anrainergemeinden gegen die Schiffstransfers aufbringt.

Außerdem nutzt man das Emssperrwerk bei Gandersum, das eigentlich der Abwehr von Sturmfluten dient. Steht der Transfer eines neuen Kreuzfahrtschiffes an, so staut man mithilfe dieses Sperrwerks in umgekehrter Richtung das Emswasser auf, wodurch der Fluss für Schiffe mit bis zu 8,5 Metern Tiefgang schiffbar wird.

Das ist allerdings ökologisch nicht unbedenklich und ruft deshalb Umweltschützer auf den Plan. Insbesondere die Aufstauungen im Frühjahr und Sommer werden für Brutvögel im Uferbereich zur tödlichen Falle. In den anliegenden Vogelschutzgebieten werden riesige Flächen überflutet, Gelege werden überschwemmt, Jungvögel ertrinken. Deshalb kommt es immer wieder zu heftigem Streit und zu Gerichtsverfahren, wenn ein neuer Sommerstau geplant wird.

Seit langem macht man sich Gedanken darüber, wie man dieser Probleme Herr werden kann. Im Raum steht die Idee, einen völlig neuen Kanal zu schaffen und die Ems damit ein für alle Mal von den Ozeanriesen zu befreien. Praktischerweise könnte man den Fluss dann auch gleich ganz von aller Schifffahrt erlösen und renaturieren.

Alternativ könnte man die gesamte Werft aus Papenburg umsiedeln und an ausreichend tiefem Wasser neu errichten. Doch dieser Gedanke löst Schrecken in Papenburg aus.

Schließlich ist die Meyer-Werft der größte Arbeitgeber des Ortes und lockt außerdem zahlreiche Touristen in die idyllische Kleinstadt. Für die Papenburger sind die Ozeanriesen deshalb nicht wegzudenken. Die Auftragsbücher der Werft sind zudem vorerst gut gefüllt. Für spektakuläre Ausdockungen ist also in den nächsten Jahren gesorgt, auch wenn noch keine Lösung der Umweltproblematik in Sicht ist.

Beweis für die Qualität der Schiffe aus der Meyer-Werft führt die 1913 hier gebaute MV Liemba, die schon seit mehr als hundert Jahren auf dem ostafrikanischen Tanganijkasee cruist. Sie wurde einst für die Kolonie Deutsch-Ostafrika hergestellt und ist seitdem vor Ort im Einsatz.

Bauckweiten-Jannhinnerk – Buchweizenpfannkuchen aus Papenburg

Zutaten für 4 Personen:

200 g Buchweizenmehl
250 ml schwarzer Tee
250 ml Milch
2 Eier, 20 g Hefe
1 Tl Salz
80 g durchwachsener Speck (in dünne Streifen geschnitten)
Öl zum Braten

Zubereitung:

Die Milch lauwarm erhitzen und die Hefe darin auflösen. Dann das Mehl mit dem Tee, der Milch, dem Salz und dem Ei gut vermischen. Es soll ein recht dünner Teig entstehen. Den Teig abdecken und 5 Stunden lang quellen lassen.

Danach in einer großen Pfanne etwas Öl erhitzen und 20 g Speck gut anbraten. Den Teig noch einmal verquirlen, dann ein Viertel davon in die Pfanne geben und auf beiden Seiten goldbraun braten. So fortfahren, bis vier Pfannkuchen gebraten sind.

Mit Zuckerrübensirup, Preiselbeerkompott und Tee servieren.

Früher galt die Zahl der Speckstreifen im Pfannkuchen als Indikator für die Beliebtheit eines Gastes. War er gut gelitten, so verwendete man eine gerade Zahl, bei weniger geschätztem Besuch gab es eine ungerade Zahl an Speckstreifen.

Welcher Seemann liegt bei Nanni im Bett? – Die Ostfriesischen Inseln

Leider vermag ich diese Frage nicht zu beantworten. Und ehrlich gesagt, eine Antwort darauf wird nicht einmal erwartet. Dass diese Frage so oft gestellt wird, hat nämlich nicht wirklich etwas mit dem Lotterleben der besagten Nanni zu tun. Es handelt sich vielmehr um die bekannteste Eselsbrücke, mit der man sich bei der Reihenfolge der Ostfriesischen Inseln auf die Sprünge helfen kann. Von Osten nach Westen betrachtet sind das Wangerooge, Spiekeroog, Langeoog, Baltrum, Norderney, Juist und Borkum. Hierbei muss Juist aus praktischen Gründen zulassen, dass sein Anfangsbuchstabe zu einem „i" mutiert. Und außerdem haben nur die großen, bewohnten Inseln Aufnahme in den Merksatz gefunden, es gibt noch eine Handvoll kleinere Inselchen.

Ihnen allen ist gemeinsam, dass sie dem ostfriesischen Wattenmeer vorgelagert sind. Der offenen Nordsee halten sie weite Sandstrände entgegen, auf der anderen Seite flachen sie in Richtung Watt mit Salzwiesen sanft ab.

Während der letzten Eiszeit gehörte die gesamte Region bis hin zu den Britischen Inseln zum europäischen Festland. Als dann die Gletscher abschmolzen, begann sich die Deutsche Bucht mit Wasser zu füllen. Die Wogen brachten Sedimente mit und türmten allmählich Sandbänke vor der Küste auf. Pionierpflanzen begannen, die neu entstehenden Küstendünen zu besiedeln, und so wuchsen mit den Jahren die Inseln vor dem dahinterliegenden flachen Wattenmeer heran. Sturmfluten und Strömungen schufen zwischen ihnen zahlreiche Priele.

Und das Meer sorgt weiterhin dafür, dass Priele und Inseln in ständiger Bewegung bleiben. Mit vorherrschender Strömung brausen die Wellen aus westlicher Richtung heran und nagen dabei an den ihnen ausgesetzten Seiten der Inseln, während sie an den Ostflanken immer neuen Sand ablagern. Deshalb verschieben sich die Inseln stets weiter in Richtung Osten, und zwar mit einer Durchschnittsgeschwindigkeit von mehreren Metern pro Jahr.

Hier hat man also sprichwörtlich auf Sand gebaut. Hinzu kommt die Abgelegenheit weit draußen vor dem Wattenmeer, wo man den Winterstürmen der Nordsee schutzlos ausgeliefert ist. All das macht die Inseln nicht gerade zu einem idealen Ort zum Leben.

Und doch bin ich nicht die Einzige gewesen, die unseren örtlichen Zeitschriftenhändler neidvoll ansah, als er vor einigen Jahren verkündete, er werde seinen Laden verkaufen und mitsamt seiner Frau nach Norderney umsiedeln. Denn, so erklärte er, mit Ende vierzig seien sie noch lange nicht zu alt für einen Neuanfang.

Sie wollten sich noch einmal einer ganz frischen Herausforderung stellen und etwas anderes erleben. Deshalb hatten sie kurzerhand ein Gästehaus auf der ostfriesischen Nordseeinsel gepachtet.

Bei aller stürmischen Ungewissheit ist diese Insel mit ihren weißen Sandstränden nämlich wunderschön, und das raue Reizklima prädestiniert sie zur Erholungsdestination für stadtluftgeplagte Kurgäste. Davon hatte sich schon der preußische König Friedrich Wilhelm II. überzeugen lassen, der 1797 die Genehmigung zur Errichtung einer Seebadeanstalt auf Norderney erteilte. Es sollte das erste Nordseebad Deutschlands werden.

Im Lauf des 18. Jahrhunderts hatten immer mehr Ärzte die gesundheitsfördernde Wirkung der Seeluft erkannt. In Frankreich und vor allem in England waren die ersten Seebäder entstanden. Da wollten die in Ostfriesland machthabenden Landesstände nicht hinterherbleiben, sie ließen Gutachten und Wasseranalysen erstellen, mit deren Hilfe sie den König schließlich von der Eignung Norderneys überzeugen konnten. Denn noch wenige Jahre zuvor waren die Juister mit einem ähnlichen Antrag abgeblitzt.

Nach der Eröffnung des Seebads im Jahr 1800 gab es zunächst noch Anlaufschwierigkeiten. Zwar kamen tatsächlich erste Gäste, doch fehlte es an Beherbergungsmöglichkeiten, sodass man in mitgebrachten Zelten campieren musste. Die Insulaner erkannten aber die geschäftlichen Möglichkeiten schnell und begannen, Zimmer in ihren Häusern an die Erholungssuchenden zu vermieten. Das Geschäft brummte,

60 Jahre später gab es dann schon Kapazitäten für gut 2.600 Urlauber. In Karren brachte man die Sommerfrischler an den Strand, wobei es für die Herren und die Damen natürlich jeweils streng voneinander getrennte Abschnitte gab. Zwischen diesen lag ein gehörig breiter Strandabschnitt, an dem nicht gebadet werden durfte, sodass unschicklichen Begegnungen zwischen den Geschlechtern von vorneherein ein Riegel vorgeschoben war. Zur Sicherheit wurden noch die Karren als Sichtschutz an diesem Strandbereich geparkt. Und das, obwohl man selbstredend hinlänglich bekleidet dem Badevergnügen frönte. Die Frauen trugen zur damaligen Zeit sogar Gewichte an den Baderöcken, damit diese sich nicht heben konnten. Kniend oder auf allen vieren tauchte man dann ins erfrischende Nass, denn die heilsame Wirkung ver-

sprach man sich von der Berührung mit dem kühlen Salzwasser.

Die erstarkende Reiselust zu Beginn des 20. Jahrhunderts verhalf Norderney zum Boom. Jetzt kamen jedes Jahr schon 20.000 Badegäste auf die Insel. Und heute sind es mehr als drei Million Übernachtungen im Jahr. Kein Wunder, dass unser Zeitschriftenhändler sich hier gute Zukunftsperspektiven als Pensionswirt ausgerechnet hat.

Und vielleicht hofft er sogar darauf, prominente Gäste unterbringen zu können. Denn auch diese wurden stets von der Nordseeschönheit angezogen. Heinrich Heine setzte ihr 1826 ein Denkmal in seinem Zyklus „Die Nordsee“. Franz Kafka verbrachte seine ersten Ferien als Erwachsener hier, außerdem kamen Walter Rathenau und Kaiser Wilhelm II., Clara und Robert Schumann genauso wie Theodor Fontane oder Wilhelm von Humboldt.

Aber auch die anderen Ostfriesischen Inseln ließen sich nicht lumpen. Schon vier Jahre nach Norderney avancierte Wangerooge zum Kurbad, musste allerdings nach einer verheerenden Sturmflut Mitte des 19. Jahrhunderts erst mal wieder zurückstecken. Es dauerte 20 Jahre, bis eine Giftbude eröffnete und für neuen Besucherandrang sorgte. Was so gefährlich klingt, ist nichts anderes als eine kleine Verkaufsbude, die ihren Namen vom althochdeutschen Wort „Gift“ für „Gabe“ ableitet. Die Giftbude war eine Art Vorläufer von Trinkhallen und Kiosken, die zu den ersten touristischen Infrastrukturmaßnahmen an der Nordsee gehörte. Zu der simplen Giftbude gesellte sich kurz darauf ein vornehmes Badehaus, und von den Wogen des Erfolgs beflügelt begann man auf Wangerooge schon bald damit, Kurtaxe zu erheben. Denn seit damals floriert das Geschäft auf den Ostfriesischen Inseln mit wachsender Tendenz.

Die Inseln sind weitgehend autofrei. Hier reist man mit der Fähre an, und dann geht es gemächlich mit Fahrrad, Kleinbahn oder Pferdekutsche weiter. Fünf der Inseln kann man bei Ebbe auch zu Fuß durchs Watt erreichen. Und dabei hat man die Gelegenheit, dieses auf der Welt einzigartige Biotop zu erkunden. Denn das Watt ist keineswegs so leblos, wie es auf den ersten Blick erscheint.

Snirtjebraa – ein Fleischgericht aus Ostfriesland

Zutaten für 4 Personen

500 g Schweinenacken
500 g Schweineschulter
4 Zwiebeln
60 g Schweineschmalz
100 ml Sahne
40 g Mehl
8 Nelken
8 Pimentkörner
8 Wacholderbeeren
2 Lorbeerblätter
Salz, Pfeffer

Zubereitung

Das Fleisch in Stücke schneiden, mit Salz und Pfeffer würzen. Das Schmalz in einem Bräter erhitzen, das Fleisch darin ringsum gut anbraten. Mit 300 ml Wasser ablöschen. Nelken, Piment und Wacholderbeeren in ein Teeei füllen und zusammen mit den Lorbeerblättern hinzugeben. Aufkochen und dann bei schwacher Hitze 30 Minuten lang köcheln lassen. Die Zwiebeln schälen, vierteln und nach Ablauf der Zeit hinzugeben. Weitere 1 ½ Stunden köcheln lassen, dann das Teeei und die Lorbeerblätter entfernen, die Sahne mit dem Mehl verquirlen und die Bratensauce damit andicken. Mit Salz und Pfeffer abschmecken.

Der Snirtjebraa wird mit Rotkohl, Roter Bete, Kürbisstücken, Gewürzgurken und Salzkartoffeln, manchmal auch mit grünen Bohnen serviert.

Dieses Gericht ist in Ostfriesland ein traditionelles Essen, das am Schlachttag aus dem frischen Fleisch zubereitet wurde. Die Familie und die Nachbarn, die beim Schlachten geholfen hatten, aßen gemeinsam. Für die Kinder gab es das Beste: die „Maus“ vom Schwein, das spitze Endstück des Filets.

Ein Spaziergang auf dem Meeresgrund – das Watt

Endlos erstreckt sich graubrauner Matsch bis zum Horizont. Nur die Wellenform, mit der er sich vor meinen Füßen ausbreitet, erinnert an das Wasser, das ihn noch vor kurzer Zeit bedeckte. Doch das Meer ist verschwunden, es hat sich weit zurückgezogen. Zeit, zu einer Exkursion ins Wattenmeer aufzubrechen.

Sicherheitshalber habe ich mich dazu einem erfahrenen Wattführer anvertraut. Sjut ist ein norddeutsches Unikum und berichtet unserer kleinen Wandergruppe in breitem Platt von den Gefahren des Wattenmeers. So manches Greenhorn unterschätzt die Geschwindigkeit, mit der das Wasser bei Flut zurückströmt, und manch unvorsichtiger Wattwanderer hat deshalb schon bei auflaufendem Wasser sein Leben gelassen.

Mit Sjut an unserer Seite kann das natürlich nicht passieren. Er führt schon seit mehr als 15 Jahren kleine Gruppen von Neßmersiel nach Baltrum. Fast drei Stunden werden wir unterwegs sein, und Sjut verspricht uns die Begegnung mit einzigartigen Pflanzen und einer geheimnisvollen Tierwelt.

Das Wattenmeer der Deutschen Bucht ist ein ganz besonderer Lebensraum. Mit einer Fläche von 8.625 Quadratkilometern ist es die größte zusammenhängende Wattlandschaft der Welt. Es steht unter Naturschutz und zählt zum Weltnaturerbe der UNESCO.

Der Meeresgrund ist hier so flach, dass bei Ebbe Schlick- und Sandwatten trockenfallen, dazwischen liegen wie Adern die Priele, Wasserläufe im Watt, die zum Teil mäandrieren und ihren Verlauf immer wieder verändern. Manchmal sind die Priele die Fortsetzung eines von Land kommenden Flusslaufs, manchmal sind sie auch Verbindungen zwischen Meeresteilen, die das Niedrigwasser voneinander getrennt hat. Es gibt tiefe Priele, die selbst bei Ebbe noch mit Schiffen befahren werden können, diese heißen Baljen, so erklärt es uns Sjut. In den Prielen leben Garnelen und Fische wie Scholle und Sandgrundel, Sandaale und Butte. Und die Priele, so fährt Sjut fort, sind ganz besonders gefährlich. Denn bei auflaufendem Wasser füllt sich das Watt keineswegs so gleichmäßig wie eine Badewanne. Vielmehr laufen zuerst die Priele voll, eine Rinne mit wenigen Zentimetern Wasserstand kann sich dann binnen weniger Minuten in einen ausgewachsenen Fluss mit reißender Strömung verwandeln. Das überfordert selbst den besten Schwimmer, weshalb die Priele für unerfahrene Wattgänger immer wieder zu tödlichen Fallen werden.

Zunächst wenden wir uns nun den Salzwiesen zu, die den Übergang zwischen Meer und Land markieren. Hier in Neßmersiel gibt es sogar einen Salzwiesenlehrpfad, an dem die Besonderheiten des Lebensraums aufgezeigt sind. Regelmäßig werden die Salzwiesen überflutet, weshalb sich auf ihnen eine besondere Vegetation aus krautigen Salzpflanzen angesiedelt hat. Sjut zeigt uns Meersenf und Schlickgras, verschiedene Binsenarten und Strandflieder. Diese Pflanzen haben tiefe Wurzeln und ein hartes Gewebe aus langgestreckten Zellen entwickelt, denn sie müssen auch dem aufgewühlten Meer der Sturmfluten standhalten können. Die Salzwiesen dienen zahlreichen Vogelarten als Rast- und Brutplatz, aber auch als gut gedeckter Esstisch. Denn sie sind die Heimat zahlreicher

Insektenarten, manche davon sind sogar den Salzwiesen endemisch.

Endlich wenden wir uns dem Watt selbst zu. Hier erwartet uns keineswegs nur glitschige graubraune Pampe, weist Sjut meine diesbezügliche Feststellung empört zurück. Vielmehr handle es sich um einen reichen Lebensraum, voller eingegrabener Würmer, Muscheln und Schnecken, Seesterne und Algen. Mit der Flut kommen dann die Fische und Krebse zurück, sie sind die Nahrungsgrundlage für Vögel, Seehunde, Robben und Schweinswale, die die Deutsche Bucht bevölkern.

Der Wattboden besteht einerseits aus Meeressedimenten, die von den Gezeiten in die Küstenregionen gespült werden. Die Gewalt der Wellen verpasst ihnen nicht nur ihre charakteristische Musterung, sie türmt sie auch zu Sandbänken auf oder spült sie kurzerhand wieder hinweg, um sie an anderer Stelle erneut abzulagern. Zum anderen besteht der Wattboden außer diesem vom Meer herbeigetragenen Sand und Schluff aus feinen Sedimenten, die von den Flüssen, allen voran Weser und Elbe, ins Meer gespült werden. Dazu mischen sich zerriebene Überreste von Pflanzen und Tieren, zum Beispiel die Schalen von Muscheln, Schnecken oder Kieselalgen. Die gröberen Sandbestandteile werden an den vorgelagerten Inseln und Sandbänken abgelagert, während die Priele den feinen Schlick ins Watt hineinspülen. Treibt man vor der Küste Holzpfähle ins Watt, so wird die Sedimentation des Schlicks dadurch beschleunigt und neues Land gewonnen, das man sodann als neue Marsch eindeichen und schützen kann. Die so entstandenen Flächen bezeichnet man als „Koog". Besonders an Schleswig-Holsteins Westküste und der Unterelbe gibt es viele solcher Köge, aber auch in den Niederlanden, Belgien und Dänemark.

Unser Weg nach Baltrum ist etwa 6,5 Kilometer lang. Wir müssen mehrere Priele und das Wattfahrwasser durchqueren, doch jetzt bei Ebbe ist das kein Problem. Überall sehen wir die typischen Häufchen des Wattwurms, der den ganzen Tag mit Fressen beschäftigt ist. Sjut hat ein Exemplar ausgegraben und führt es uns vor. Es ist ein ausgewachsener Ringelwurm von knapp 40 Zentimetern Länge, der sich am hinteren Ende verjüngt. Die Organe und die Kiemen liegen im vorderen, deutlich dickeren Körperteil. In U-förmigen Röhren gräbt sich das Tier durch den Boden und frisst den ganzen lieben Tag lang Schlick. Dabei filtert es alle verwertbaren organischen Stoffe heraus und scheidet am Ende nur den reinen Sand wieder aus. Denn so sauerstoffarm der dunkelgraue Schlick auch ist, so gehört er doch mit einem zehnprozentigen Anteil an organischen Stoffen zu den nährstoffreichsten Meeresböden der Erde.

Ein einzelner Wattwurm reinigt jährlich 25 Kilogramm Schlick, alle Wattwürmer gemeinsam lassen den gesamten Wattboden bis zu einer Tiefe von 20 Zentimetern innerhalb eines Jahres einmal komplett durch ihre Körper laufen. Dabei lockern und säubern sie den Wattboden. Die gröberen Bestandteile fressen sie allerdings nicht, sondern spucken sie an ihrem Kopfende gleich wieder aus. In etwa 20 Zentimetern Tiefe gibt es deshalb eine Schicht aus diesem Material. Und an der Oberseite des Wattbodens sondern die Wattwürmer etwa alle halbe Stunde ein Sandhäuflein ab.

Das ist das Signal für die an das Wattleben angepassten Vögel wie Austernfischer oder Strandläufer. Sobald sich ein Wurmhaufen aus dem Boden kringelt, stoßen sie ihren langen, spitzen Schnabel in die Röhre und versuchen, den Wurm zu erhaschen. Dagegen hat der Wattwurm allerdings eine Überlebensstrategie entwickelt. Er kann sein dünnes Hinterende stückweise abstoßen, der Vogel bekommt dann nur ein paar Zentimeter von ihm zu packen. Der Wurm kann sich in die Tiefen seiner Röhre flüchten und sein Leben retten.

Nach diesen Erklärungen hat Sjut den Wurm wieder abgesetzt und mit Schlick bedeckt. Er wendet sich nun dem nächsten Thema zu, dem geheimnisvollen Watt-Knistern. Dessen Urheber sind die winzigen Schlickkrebse, erklärt Sjut, das sind maximal 15 Millimeter große Flohkrebse, von denen bis zu 5.000 Exemplare auf einem Quadratmeter Wattboden leben können. Strecken sie ihre beiden kleinen Fühlerchen aus, dann platzt die feine Wassermembran, die sich zwischen ihnen befindet. Machen das ganz viele Flohkrebse zur gleichen Zeit, dann beginnt es im Watt vernehmbar zu knistern.

Solche Schlickkrebse sind die Hauptnahrungsquelle der Nordseegarnelen und leben bevorzugt in den weniger salzreichen Flussmündungsgebieten. Deshalb halten sich auch die Garnelen überwiegend in diesen Bereichen auf. Krabbenkutter fangen sie mit großen Schleppnetzen, denn sie sind eine beliebte Delikatesse. Noch an Bord wird der Beifang aussortiert und zurück ins Meer geworfen. Sodann werden die Garnelen gekocht, wobei sich ihre graubräunliche Farbe in ein appetitliches Rosa verwandelt. Sie werden gleich nach dem Fang gegart, denn sie sind äußerst leicht verderblich.

Ein Teil des Fangs wird im Hafen frisch vom Kutter ungeschält verkauft. Vor dem Verzehr muss man dann erst mal die Schalen abpulen, die sich zu charakteristischen Häuflein vor den Verkaufsstellen auftürmen. Sjut berichtet uns noch, dass der Rest der Garnelen zum Pulen nach Marokko, Polen oder Weißrussland gekarrt wird, das ist billiger, als sie in Deutschland pulen zu lassen.

Unsere feuchte Wanderung endet schließlich im Hafen von Baltrum. Wenn die Flut zurückgekommen ist, werden wir die Rückfahrt mit dem Schiff antreten. Dann geht es vorbei an den Seehundbänken zurück nach Neßmersiel. Ob wir wohl Seehunde zu sehen bekommen werden?

Wirsingsuppe mit Nordseekrabben

Zutaten für 4 Personen:

500 g Wirsing
100 g gepulte Nordseekrabben
2 Schalotten
250 g mehligkochende Kartoffeln
150 ml Sahne
100 ml Weißwein
1 Zitrone
1 Tl Zucker
Speiseöl, Salz, Pfeffer

Zubereitung:

Die Kartoffeln schälen und grob würfeln. Die dicken Rippen des Wirsings herausschneiden, den Wirsing waschen und in dünne Streifen schneiden. Die Schalotten schälen und würfeln. In einem Topf etwas Speiseöl erhitzen und Schalotten und Wirsing darin einige Minuten lang andünsten. Dann etwa 4 El davon herausnehmen und beiseitestellen, den Rest mit 1 l Wasser auffüllen und die Kartoffeln sowie den Wein hinzugeben. Salzen, pfeffern, den Zucker unterrühren und aufkochen lassen, dann bei mittlerer Hitze 30 Minuten lang garen. Anschließend mit dem Pürierstab pürieren, die Sahne untermischen und noch einmal mit Salz und Pfeffer abschmecken.

Die Zitrone auspressen. Die Krabben mit dem beiseitegestellten Wirsing und dem Zitronensaft vermischen, salzen und pfeffern. Die Suppe auf Tellern anrichten und jeweils ein Viertel der Krabbenmischung in die Mitte geben.

Dazu eine Scheibe Roggenbrot reichen.

Räuber mit Kulleraugen – der Seehund

Als Kind habe ich einmal an einer Exkursion zu den Seehundbänken auf einem Fischkutter von Cuxhaven aus teilgenommen. Ich war unheimlich aufgeregt, denn das Beobachten von Tieren in der freien Wildbahn fand ich äußerst spannend. Und dann noch so etwas Exotisches wie Seehunde!

Umso größer war meine Enttäuschung. Der Schiffer wies auf eine Sandbank am fernen Horizont, und mit viel Fantasie ließen sich dort ein paar Punkte ausmachen. Vielleicht waren es Seehunde, es hätte aber auch alles Mögliche sein können.

Tatsächlich stellten damals, wir schrieben das Jahr 1974, Seehunde vor Deutschlands Küsten eine ausgesprochene Rarität dar. An den Souvenirbuden gab es Seehundfiguren in verschiedenen Größen zu kaufen, vom Schlüsselanhänger bis zum Spielzeugtier. Diese Andenken waren mit echtem Seehundfell überzogen. Man hatte es den letzten deutschen Seehunden gnadenlos übers Ohr gezogen. Damals galten Jacken aus dem glatten, dichten Fell der Tiere als schick. Mit Seehundfell bezogene Stiefel waren modern, es gab Kissenbezüge, Mützen, Handtaschen und aus den Resten stellte man Souvenirs für die Nordseetouristen her. Besonders begehrt war das Fell der Jungtiere, Heuler genannt, weil sie mit klagenden Lauten nach ihren Müttern rufen, wenn sie diese am Strand aus den Augen verloren haben. Es gingen schockierende Bilder von Seehundjägern durch die Medien, die die putzigen Seehundbabys mit Holzknüppeln erschlugen und ihnen gleich vor Ort das Fell vom Leib schnitten. Oft zuckten die kleinen Körper bei dieser blutigen Angelegenheit noch, weil der Schlag mit dem Holzknüppel nicht tödlich gewesen war. Noch im gleichen Jahr wurde die Seehundjagd in Deutschland endgültig verboten.

Schon eiszeitliche Jäger hatten es auf den Seehund abgesehen. Er lieferte ihnen Fell, Fleisch und nahrhaften Speck. Doch ab dem Mittelalter kam die Seehundjagd aus der Mode. Erst als man mit Beginn der Industrialisierung im ausgehenden 19. Jahrhundert den Fischfang im großen Stil ausbaute, fiel der Blick wieder auf die Meeressäuger. In ihnen vermeinten die Fischer eine ernste Konkurrenz zu erkennen. Sie setzten sich deshalb das Ziel, die Seehunde zur Gänze auszurotten. Seehundjägern wurden Prämien gezahlt. In nur rund 40 Jahren um die vorletzte Jahrhundertwende herum zählte man auf diese Art mehr als 350.000 tote Robben an den Ostseeküsten. Die Methode war sehr effektiv, denn Seehund und Kegelrobbe wurden hier fast völlig ausgerottet. Heute schätzt man, dass in der Ostsee nur noch 250 Seehunde leben.

Anders sah es an der Nordsee aus. Zwar waren auch hier Kopfgeldjäger unterwegs, doch sind die Küsten weitläufiger und vorgelagerte Sandbänke oft nicht so leicht erreichbar. Außerdem wanderten immer wieder neue Tiere vom Atlantik her ein. Trotzdem gelang es bis Anfang der Siebzigerjahre des letzten Jahrhunderts, die Population zum Einbrechen zu bringen. Die Seehunde waren zu einer Rarität geworden.

Schon 1962 hatten die Niederlande die Seehundjagd verboten. 1971 zog Niedersachsen nach, Schleswig-Holstein 1973 und 1977 schließlich auch Dänemark. Seit 1974 ist die Jagd deutschlandweit untersagt. So kommt es, dass sich die Bestände inzwischen gut erholt haben, und wenn auch in manchen Jahren schlimme Seuchen viele Tiere dahingerafft haben, so gilt doch der Seehund heute nicht mehr als bedroht.

Nicht nur auf den Sandbänken vor Borkum, sondern überall an den Nordseeküsten kann man die Jäger mit den großen Kulleraugen beobachten. Man kann sogar ziemlich nah heranspazieren, doch sollte man sich nicht dazu verleiten lassen, ihre runden Köpfchen zu tätscheln. Seehunde sind Raubtiere und können zubeißen. Außerdem werden sie bis zu 150 Kilo schwer und fast zwei Meter lang. Das Fell ist besonders bei den Jungtieren extrem dicht. Es ist mit Talg überzogen und dadurch wasserundurchlässig. Unter der Haut befindet sich eine dicke Fettschicht, die den Körper vor dem Auskühlen schützt.

Die Tiere verbringen ihr Leben im Wasser, wo sie sich – ganz anders als an Land – äußerst elegant und schnell fortbewegen. Ihr stromlinienförmiger Körper ist ideal an ihr Lebenselement angepasst, alles, was diese ebenmäßige Form stören könnte, hat die Evolution verschwinden lassen. So sind die Ohren zu kleinen seitlichen Löchern mutiert und die Gliedmaßen zu kleinen Stummelflossen. Die Nasenlöcher werden unter Wasser verschlossen. Dann können die Seehunde an die 30 Minuten lang tauchen und dabei in Tiefen von bis zu 200 Metern vordringen. Dabei werden sie sagenhafte 40 Stundenkilometer schnell. Sie jagen Fische, außerdem fressen sie Muscheln und Krebse. Sie sind nicht wählerisch, aber ausgesprochen geschickt. So friemeln sie auch Fische aus den Netzen der Fischer heraus, was sie bei dieser Berufsgruppe nicht unbedingt beliebt macht.

Gewöhnlich tauchen die Seehunde nur zum Luftholen auf. Doch zur Geburt und zum Säugen der Jungtiere sucht die Seehundmutter das Land auf. Auch die Paarung findet im Trockenen statt. Ansonsten ist das Land zwar nicht das Element der Seehunde, doch ruhen sie trotzdem gerne auf Sandbänken und aalen sich in der Sonne. Hier bewegen sie sich allerdings ausgesprochen unbeholfen fort. Ihre Flossen sind dafür völlig ungeeignet, deshalb müssen sie im wahrsten Sinne des Wortes durch den Sand robben. Weil sie sehr gesellig sind, liegen sie in großen Rudeln auf den Sandbänken. Rund um Borkum tummeln sich an die 1.200 Exemplare auf ihren Teilzeit-Ruheplätzen. Bei Flut verschwinden Sandbänke und Seehunde wieder im Wasser.

Die Seehunde gehören zu den größten Raubtieren Deutschlands. Unsere Wölfe sind mit 30 bis knapp 70 Kilo geradezu Leichtgewichte gegen die massigen Seehunde. Und doch sind die Seehunde bei weitem nicht unsere größten Raubtiere. In den Fluten der Nordsee wartet noch ein anderer Räuber: die Kegelrobbe. Sie wird deutlich über zwei Meter lang und erreicht ein Gewicht von bis zu 300 Kilogramm.

Den Kegelrobben hat die intensive Bejagung der Vergangenheit ganz besonders zugesetzt. Sie sind deshalb in deutschen Nordseegewässern sehr viel seltener anzutreffen als Seehunde. In der Ostsee gibt es zwar mehr Kegelrobben, doch halten sich diese nach der intensiven Bejagung in der Vergangenheit heute meist in den nördlichsten Teilen des Meeres auf. Gelegentlich verirrt sich ein Jungtier an deutsche Strände, und es gibt auch Bestrebungen, an den deutschen Ostseeküsten wieder Kegelrobben anzusiedeln.

Allerdings bevorzugen die Kegelrobben eigentlich felsige Küsten. Trotzdem hat sich auf einer Sandbank bei Amrum eine Kolonie von Kegelrobben erhalten, und seit 2001 gibt es eine weitere auf der zu Helgoland gehörenden Insel Düne.

Die Seehundbank im Westen von Borkum heißt „Hohes Riff". Hier kann man die Raubsäuger aus allernächster Nähe beobachten. Zum Glück ist dieses Naturschauspiel heute längst zur Alltäglichkeit geworden. Seehundfell ist nicht nur aus der Mode geraten, seine Einfuhr und sein Verkauf sind in der EU seit 2010 auch weitestgehend verboten.

Heringssalat

Zutaten für 4 Personen

4 Matjesfilets
200 g Kartoffeln
250 g Schmand
2 Gewürzgurken
2 rote Zwiebeln
1 Zitrone
1 säuerlicher Apfel
1 Orange
1 Tl Zucker
1 kl. Bund Dil
Salz, Pfeffer

Zubereitung:

Die Kartoffeln in der Schale garen, dann pellen und abkühlen lassen. Anschließend halbieren und in Scheiben schneiden. Die Zitrone auspressen, die Heringsfilets in mundgerechte Stücke und die Gewürzgurken in Würfel schneiden. Die Zwiebeln schälen und in dünne Ringe schneiden. Die Orange schälen, die Scheiben filetieren und in Stücke schneiden. Zuletzt den Apfel vierteln, entkernen, schälen und in Scheiben schneiden.

Den Schmand mit dem Zitronensaft, Zucker, Salz und Pfeffer zu einem Dressing anrühren.

Nun in einer Schüssel alles miteinander vermischen, abdecken und mindestens 4 Stunden lang im Kühlschrank durchziehen lassen. Vor dem Servieren den Dill fein hacken und über den Heringssalat streuen.

Mit frischem Graubrot servieren.

Hoch auf spritzt der Dreck! – Das Wattrennen von Duhnen

Der Ortsteil Duhnen des Nordseebadestädtchens Cuxhaven ist ein beschauliches Plätzchen. Fast möchte man meinen, dass die Zeit hier irgendwann Mitte der Siebzigerjahre des letzten Jahrhunderts zum Stillstand gekommen ist. Die zahlreichen Hotels und Pensionen, Cafés, Restaurants und Läden mit Urlaubsbedarfsartikeln oder knallbunten Souvenirs wirken ein bisschen vorgestrig. Entsprechend sind die Feriengäste oft auch schon ein wenig in die Jahre gekommen.

Hinter dem Deich liegt der Strand. Hier hat alles seine Ordnung, wer den Anblick des Wattenmeers genießen möchte oder gar seine Füße auf den feinen, goldgelben Sand setzten will, der muss erst einmal Eintritt bezahlen oder eine Kurkarte vorweisen. Das Meer ist ausgesprochen flach, selbst bei Flut bleibt es immer ein Nichtschwimmerbecken. Während der Ebbezeiten, wenn das Watt freiliegt, machen sich leuchtend gelb lackierte Wattwagen auf den Weg durch den grauen Schlick. Kräftige Pferde ziehen sie über eine markierte Strecke durchs Watt. Sie karren Touristen hinüber zur Insel Neuwerk, die gemächliche Fahrt gehört zu den Höhepunkten eines Urlaubs im Strandbad Duhnen. Drüben erwartet die Besucher der dicke viereckige Leuchtturm, der einst als Bollwerk gegen Seeräuber in die Elbmündung gesetzt wurde. Außerdem gibt es noch den „Friedhof der Namenlosen“, auf dem früher die

Leichen bestattet wurden, die das Meer bei Flut an die Gestade des Inselchens spülte. Und vielleicht erfahren die Inselgäste noch, dass Neuwerk auf Friesisch in vergangenen Zeiten einfach nur schlicht „O“ hieß.

Dann geht es wieder zurück durchs Watt. Viel Zeit bleibt nicht, weil die Flut zurückkommt. Während der Saisonzeiten schiebt sich mitunter eine ganze Karawane von gelben Wagen über den Meeresboden und sorgt für bunte Farbkleckse im eintönigen Silbergrau.

Doch einmal im Jahr, an einem Sonntag im Sommer, ist es aus mit der beschaulichen Ruhe von Duhnen. Wäre es ein Wettkampf zwischen Mensch und Watt, bei dem es darum geht, wer sich farblich durchsetzen kann, dann stünde das Watt von vorneherein als Sieger fest. Denn hinterher haben alle Teilnehmer eine einheitliche Farbe angenommen: die trübe Matschfarbe des Schlicks.

Es ist das große Wattrennen von Duhnen, ein einzigartiges Spektakel. Vor der imposanten Kulisse des Weltschifffahrtsweges von der Nordsee elbaufwärts in Richtung Hamburg kämpfen an diesem Tag feurige Galopper und rassige Trabrennpferde alle 30 Minuten um Sieg und Platz. Die Rennen auf dem 1.200 Meter langen Ovalkurs finden bereits seit dem Jahr 1902 statt. Jedes Jahr beteiligen sich bis zu 150 Reiter und Sulkyfahrer mit ihren Tieren am Rennen auf dem Turf von Duhnen. An die 30.000 Zuschauer lockt das sechsstündige Großereignis an, und da lässt sich das Örtchen natürlich nicht lumpen. Man legt sich ins Zeug und rundet die Rennveranstaltungen mit einem opulenten Rahmenprogramm ab. Dann gibt es Flugshows und Fallschirmspringen, Musikkapellen und jede Menge Buden, die für das leibliche Wohl der Gäste sorgen. Und selbstverständlich finden sich auch Zockerbuden, bei denen man auf seinen Favoriten im Schlammrennen setzen kann. Vor den einzelnen Rennen geben sich Pferde und Jockeys ein Stelldichein auf dem Einreitplatz und präsentieren sich dabei zur kritischen Begutachtung durch alle, die ihre Urlaubskasse mithilfe einer Pferdewette aufbessern wollen. Akribisch werden die Rennhefte studiert, welche die einzelnen Pferde und ihre Gestüte vorstellen, und mit Argusaugen taxiert man die einzelnen Bewerber.

Hier zeigen sie sich in ihrer ganzen Schönheit, die edlen Pferde und die bunt gekleideten Reiter und Sulkyfahrer. Das Duhner Wattrennen ist eine wichtige Veranstaltung für sie, es ist das einzige Pferderennen im Cuxland, dem traditionellen Zuchtgebiet der Hannoveraner-Pferde. Der weiche, schlüpfrige Wattboden stellt eine große Herausforderung für die Pferde dar, hierauf schnell zu laufen ist nicht einfach. Das kann jeder selbst feststellen, indem er mal versucht, im Watt zu rennen.

Doch die eigentliche Schwierigkeit ist noch eine ganz andere. Denn kaum erfolgt das Startsignal, beginnt die wilde Jagd. Und dann fliegen die Fetzen, denn hoch auf spritzt der Dreck! Die Luft verwandelt sich im Handumdrehen in eine Hölle aus fliegendem Schlamm, der gnadenlos alle bombardiert, die nicht an der Spitze liegen. Kann es eine bessere Motivation geben, in Führung zu gehen?

Den Sulkyfahrern nutzt freilich nicht einmal das, denn die Hufe ihres eigenen Trabers torpedieren sie mit dem nassen Schlick. Die Kleidung, die Haut, der ganze Jockey verwandelt sich zusehends in ein graues Schlammmonster, und die Schutzbrille ist schon bald so vollgeschmiert, dass man sich unwillkürlich fragt, wie um Himmels willen der Jockey bloß die Rennstrecke noch erkennen kann.

Die Schlammschlacht von Duhnen ist ein Gleichmacher, denn am Ende ist alle Farbe der Wettstreiter dem grauen

Schlick zum Opfer gefallen. Einzig der Sieger hat Glück. Ihm wird ein grüner Kranz umgehängt, und so hebt er sich strahlend von der grauen Masse ab.

Das Wattrennen von Duhnen ist das weltweit einzige Pferderennen auf dem Meeresgrund und sicherlich auch eine der skurrilsten Veranstaltungen, die der Pferdesport zu bieten hat. Und es ist der eine Tag im Jahr, an dem das verschlafene Duhnen zu pulsierendem Leben erwacht.

Rote Grütze

Zutaten für 4 Personen:

300 g Rhabarber
300 g Schattenmorellen,
300 g Erdbeeren
300 g Himbeeren
200 g Zucker
1 Zitrone
80 g Perlsago
250 ml Johannisbeersaft

Zubereitung:

Den Rhabarber putzen und die Fäden von den Stangen ziehen. Anschließend in ca. 1 cm dicke Stücke schneiden. Die Kirschen entsteinen, die Erdbeeren putzen und vierteln. Die Zitrone auspressen.

In einem Topf den Johannisbeersaft zusammen mit dem Sago aufkochen lassen. 10 Minuten lang köcheln lassen, dann den Rhabarber, den Zitronensaft und den Zucker hinzugeben und unter Rühren aufkochen. Die Hitze reduzieren und dann 10 Minuten köcheln lassen, dabei immer wieder umrühren. Nun die restlichen Früchte hinzugeben und weitere 10 Minuten lang mitköchlen.

Danach die Grütze in eine Schüssel umfüllen und abkühlen lassen. Dabei gelegentlich umrühren, damit sich der Sago gleichmäßig in der Grütze verteilt. Nachdem die Grütze vollständig erkaltet ist, 4 Stunden lang in den Kühlschrank stellen.

Mit flüssiger Sahne servieren.

Im Paradies der Äpfel – das Alte Land

Über den Weg spannt sich ein prächtig geschmückter Holzbogen. Auf seiner Oberseite thront ein Walmdach mit roten Ziegeln, darunter hängen hölzerne Trauben. Löwenköpfe zieren die rechte und die linke Seite der Tordurchfahrt, unter ihnen öffnen sich kleinere Bögen als Durchlass für Personen, derweil der große mittlere Bogen den Weg für Gespanne freigibt. Die Holzbalken sind weiß gestrichen, während die Schnitzereien bunt bemalt sind. Es handelt sich um eine repräsentative Zufahrt, daran besteht kein Zweifel. Die Trauben symbolisieren Fruchtbarkeit und Reichtum, die Löwen sind die drohenden Torhüter. Sie warnen den Ankömmling, gib Acht! Hier wohnt ein mächtiger Herr!

Denn das Tor führt auf einen Gutshof im Alten Land. Es hat eine rein repräsentative Funktion. Die Sitte, Prunkpforten vor wohlhabenden Bauernhöfen aufzustellen, entstand bereits im 17. Jahrhundert. Die geschnitzten Kunstwerke heißen „Puurt", in Verbindung mit dem jeweiligen Familiennamen bezeichnen sie den dahinter residierenden Hofherrn. Der Bauer Lühns wird so zum „Puurten-Lühns".

Er ist ein glücklicher Mann, denn auf seinen 20 Hektar fruchtbaren Landes gedeihen 30 verschiedene Apfelsorten. Von Jonagold bis Elstar, von Cox Orange bis Jamba, von Astramel bis Boskoop: Sattgrün, kräftig rot, grüngelb oder rotgrün leuchten die prallen Äpfel von Mitte August bis Ende Oktober verheißungsvoll in der Sonne. In dieser Region ist Bauer Lühns einer von 1.000 Obstbauern, die ihr Auskommen haben. Das Alte Land dehnt sich etwa 30 Kilometer weit südlich der Elbe zwischen Stade, Buxtehude und Hamburg-Finkenwerder aus, im Herzen liegt die hübsche Ortschaft Jork. Es ist eine der fruchtbarsten Regionen und das größte zusammenhängende Obstanbaugebiet Deutschlands.

Doch kehren wir zurück zum Hof des Bauern Lühns. Folgt man dem Weg weiter durch die Puurt hindurch, so erreicht man das Bauernhaus der Familie. Auch dieses Haus erzählt vom althergebrachten Wohlstand der Obstbauern. Es ist im sogenannten Buntmauer-Fachwerk errichtet, weiß gestrichene Balken sind mit rechtwinkligen Mustern in das rote Ziegelgemäuer eingezogen und zaubern so aus jeder einzelnen Hausfassade ein imposantes Gesamtkunstwerk. Zickzackmuster, Rauten oder stilisierte Pflanzen und Tiere sorgen für zusätzliche Zierde, manche Muster sind auch symbolträchtig. So soll der Donnerbesen Böses vom Haus fernhalten, während die Mühle dafür Sorge tragen möge, dass es den Bewohnern nie an Nahrung mangeln wird.

Ein weiteres charakteristisches Merkmal des typischen Altländer Bauernhauses ist eine mit prachtvollen Schnitzereien versehene Holztür, die sogenannte „Brauttür“. Sie lässt sich nur von innen öffnen, denn hinter ihr liegen die Schätze der Familie in einer Kofferkammer verborgen. Da gibt es die wertvollen Altländer Trachten aus schwarzem Samt, Seide und Brokatstoffen, verziert mit Spitzenbordüren und bunten Bändern. Dazu gehört der üppige Silberfiligranschmuck mit fünfreihiger Perlenkette, zahlreichen Knöpfen und prächtiger Brosche in Herzform, die vor der Brust getragen wird. Dieser kostbare Schmuck offenbart aller Welt den Wohlstand der Bauersfrau.

Aber auch die Festtracht der Männer ist mit Silberknöpfen geschmückt, dazu gehören Brokatweste und Kniebundhose, Schuhe mit Silberschnallen und Zylinderhut.

Früher wurde die Brauttür nur zu zwei Gelegenheiten geöffnet: Wenn der Bräutigam seine Braut sowie deren Mitgift über die Schwelle trug und letztere gleich in der Kammer verstaut werden konnte oder wenn man den Leichnam eines verstorbenen Familienmitgliedes aus dem Haus hinausbrachte. Davon abgesehen wurde die Brauttür nur im Notfall geöffnet. Stand beispielsweise der Hof in Flammen, so konnten alle Wertgegenstände durch die Brauttür schnell aus dem Haus geschafft und in Sicherheit gebracht werden.

Das Dach des Hofes ist reetgedeckt, seinen Giebel zieren üppige Schnitzereien, die ihrerseits auch wiederum dazu dienen, Unheil vom Haus fernzuhalten. Manche Giebelspitzen werden von gekreuzten Pferdeköpfen geschmückt, beim Bauern Lühns sind es jedoch gekreuzte Schwäne, die den höchsten Punkt des Daches zieren. Sie, so erzählt Bauer Lühns, zeugen von den holländischen Wurzeln seiner Familie. Denn es waren Siedler aus Holland, die einst den Grundstein für den heutigen Wohlstand des Alten Landes legten. Den holländischen Einfluss bekommt man hier noch heute überall zu spüren. So gibt es zum Beispiel beim malerischen Städtchen Jork eine Windmühle oder beim kleinen Weiler Steinkirchen die Hogendiekbrücke, eine typische Holzzugbrücke, bei der man unwillkürlich an van Gogh denken muss.

Das Marschland am Elbufer war durch Sturmfluten stets besonders bedroht. Sein sumpfiger und morastiger Boden machte es weder bewohnbar noch landwirtschaftlich nutzbar. Doch im 12. Jahrhundert lud man landlose Holländer dazu ein, diese Gestade endlich als Ackerflächen urbar zu machen. Die Holländer bewiesen großes Geschick bei der Trockenlegung der Marschen, ihre Tätigkeit bezeichnet man als „Hollerkolonisation". Sie zogen Entwässerungsgräben und Deiche, im Laufe von Generationen wurde der Landstrich so in mühevoller Handarbeit kultiviert.

Die ständigen Überschwemmungen der Vergangenheit haben dafür Sorge getragen, dass der Boden des Gebietes ganz besonders fruchtbar ist und ideale Wachstumsvoraussetzungen für Obstbäume bietet. Außerdem wirken sich die Wassergräben, die in den Plantagen alle 16 Meter verlaufen, positiv auf das Baumwachstum aus. Ihr Wasser speichert Wärme, sodass die Temperaturen in den Gärten im Winter etwas höher sind als im Umland. Dadurch werden die Obstbäume hier vor Frost besser geschützt als in anderen Regionen.

Das bereits urbar gemachte Land nannten die holländischen Siedler „Olland" – „Altes Land". Im Gegensatz dazu stand das „Neue Land", das noch nicht für die Landwirtschaft gewonnen worden war. Doch dieses „Neue Land" verschwand immer mehr, bis man auch den letzten Boden der Region trockengelegt hatte. Nun gab es nur noch das „Alte Land" – daher der Name.

Millionen von Obstbäumen prägen heute das Gesicht der Region. Dazwischen liegen Deiche, Gräben, kleine Flüsschen und Kanäle sowie schmucke Dörfer mit prächtigen Buntmauer-Fachwerkhäusern und markanten Fachwerkkirchen. Deren Türme stehen wegen des feuchten Marschbodens abgetrennt neben dem Kirchenschiff.

Wenn im Frühjahr Milliarden von Obstbaumblüten das Alte Land verzaubern, dann beginnt es überall zu brummen. Rund 4.000 Bienenvölker sorgen dafür, dass die zahllosen Blüten bestäubt werden und auch im nächsten Herbst wieder pralle Äpfel an den Bäumen leuchten können. Bis es so weit ist, laben sich die Feinschmecker jetzt an einer anderen Spezialität.

Denn auf den Feldern des Stader Geest zwischen Elbe und Weser gedeiht auch köstlicher Spargel.

Ist die Spargelzeit vorbei, dann geht die Ernte gleich weiter. Inzwischen sind saftige Kirschen herangereift. Die süßen dunklen Kirschen aus dem Alten Land heißen „Knubberkirschen". Weil die Bauern bei der Kirschernte in scharfer Konkurrenz zu den heimischen Vögeln stehen, hat sich eine besondere Sitte breit gemacht. Während des Frühsommers lärmen propangasbetriebene Kirschböller in den Obstplantagen, anderenorts sind es Klappermühlen, die der Wind antreibt. Früher schickte man die Kinder zum sogenannten „Spreenhüten" hinaus. Bauer Lühns erzählt, dass „Spreen" der plattdeutsche Name der Stare ist, und gerade diese machen den Kirschbauern schwer zu schaffen. Als Knabe, so fährt er fort, musste er während der Zeit der Kirschreife jeden Morgen schon um sechs mit seinen Geschwistern hinaus in die Kirschplantage. Mit Holzknarren und lautem Rufen verscheuchten die Kinder dann den ganzen Tag lang Stare. An das gleichmäßige Klappern der Mühlen hatten sich die Vögel nämlich schnell gewöhnt und ließen sich davon nicht mehr abschrecken. Heute gehen immer mehr Kirschbauern dazu über, ihre Bäume mit Netzen vor den gierigen Vögeln zu schützen.

Auch Birnen und Zwetschgen, Erdbeeren und Himbeeren sind im Angebot der Obstgärten des Alten Landes. Doch natürlich sind Äpfel die Stars. Mit 77 Prozent machen sie den Löwenanteil der hiesigen Obstbäume aus. Jedes Jahr werden rund 300.000 Tonnen geerntet, 15 Prozent davon gehen ins Ausland.

Überall gibt es Hofläden, in denen die fruchtigen Köstlichkeiten der Region feilgeboten werden. Neben frischem Obst gibt es Apfelschnaps und Marmelade, Gelee und Saft, Apfelwein und Apfelsekt, aber auch Apfelchips und Apfelgummibärchen. Findige Bauern produzieren Äpfel, die während der Reifezeit mit Schablonen beklebt werden, und danach Herzen oder andere Muster aufweisen. Auch Baumpatenschaften werden angeboten. Ein Schild am Baum verrät dann den Namen des Paten, der seinerseits via Webcam das Wachstum seines Schützlings beobachten kann. Außerdem stehen ihm jedes Jahr 20 Kilo vom Ertrag seines Patenkindes zu.

Beim Bauern Lühns gibt es das noch nicht. Aber es gibt ein Hofcafé, wo den Gästen im Garten unter den Apfelbäumen köstlicher selbstgebackener Apfelkuchen serviert wird. Da suche ich mir ein schattiges Plätzchen und lehne mich wohlig zurück. Das Alte Land ist ein wahrhaftiges Schlaraffenland für alle Genießer.

Apfelkuchen aus dem Alten Land

Zutaten:

400 g Mehl
1,2 kg säuerliche Äpfel
250 g Butter (Zimmertemperatur)
150 g Zucker
2 Eier
1 Eigelb
100 g brauner Zucker
80 g Rosinen
4 cl Rum
60 g Speisestärke
20 ml Sahne
2 Zitronen
1 Tl gemahlener Zimt
Salz
Mehl zum Einmehlen
Butter zum Einfetten

Zubereitung:

200 g Butter mit dem weißen Zucker verkneten. Die 2 Eier, das Mehl sowie eine gute Prise Salz hinzugeben und alles gut zu einem Teig verkneten. In Frischhaltefolie fest einwickeln und 3 Stunden lang im Kühlschrank lagern.

Die Rosinen mit dem Rum übergießen und mindestens 1 Stunde ziehen lassen. Die Zitronen auspressen und 80 g des braunen Zuckers mit dem Saft vermischen. Die Äpfel schälen, entkernen und in dünne Scheiben schneiden. Sofort mit der Zitronensaftmischung vermengen. 1 Stunde lang durchziehen lassen.

Den Teig in zwei gleiche Teile teilen, eine Hälfte kalt stellen. Die andere Hälfte auf einer eingemehlten Arbeitsfläche rasch so ausrollen, dass sie in eine Springform passt und ringsum ca. 3 cm überlappt. Die Springform gut mit Butter einfetten, den Teig hineinlegen, gut andrücken und an den Rändern hochziehen. Mehrfach mit einer Gabel einstechen und im auf 200°C vorgeheizten Backofen 10 Minuten lang backen.

Die Äpfel mit der Speisestärke überstäuben, anschließend die Rumrosinen und den Zimt hinzugeben und alles gut vermengen. Danach auf dem vorgebackenen Kuchenboden gleichmäßig verteilen. Die zweite Teighälfte auf der eingemehlten Arbeitsfläche ausrollen, sodass sie auf den Kuchen passt. Dann auflegen und an den Rändern gut andrücken. Mehrfach mit der Gabel einstechen.

Die Sahne und das Eigelb miteinander verquirlen und die Kuchenoberseite damit bestreichen. Mit dem restlichen braunen Zucker bestreuen und die restliche Butter in Flöckchen darauf verteilen. Im 180°C heißen Backofen 40 Minuten lang backen.

Danach vollständig abkühlen lassen und mit Schlagsahne servieren.

Ein Lied von der Insel – Helgoland

Das 19. Jahrhundert war eine bewegte Epoche. Napoleon hatte halb Europa mit seiner Expansionswut überzogen. Die kriegerischen Zeiten waren hart, doch brachten sie für die unterworfene Bevölkerung auch Vorteile mit sich. Denn Napoleon etablierte Bürgerrechte in den eroberten Territorien, ein Erfolg der Französischen Revolution.

Nachdem die Grande Armée geschlagen und wieder abgezogen war, wurde schnell die alte aristokratische Ordnung wiederhergestellt. Im zur damaligen Zeit in zahllose Fürstentümer zersplitterten Deutschland herrschten Polizeigewalt, Zensur und Willkür der Obrigkeit. Die freiheitlich gesinnten Bürger wünschten, sich von diesen Missständen zu befreien. Man sehnte sich nach einem einigen, rechtsstaatlichen und freien deutschen Vaterland.

Dieser Wunsch beseelte auch einen Mann, der fernab der Heimat auf einer englischen Badeinsel kurte. Er träumte von einem Deutschland, das es nicht gab, und so nahmen die Zeilen eines Gedichts in seinem Kopf Gestalt an. Es war als Trinklied für die Bürger der deutschen Fürstentümer gedacht, die ihre gemeinsame Sehnsucht in den bedeutungsschweren Zeilen wiederfinden sollten, auf dass sie das hohe Ziel niemals aus den Augen verlieren würden. Sein Werk nannte der Dichter „Das Lied der Deutschen“, er war August Heinrich

Hoffmann von Fallersleben und die englische Badeinsel hieß Helgoland. Zur Vertonung hatte Hoffmann von Fallersleben sich einer getragenen Melodie von Joseph Haydn bedient, die sehr populär und schon als österreichische Kaiserhymne zum Einsatz gekommen war. Hoffmann von Fallerslebens Verleger Julius Campe, der ebenfalls auf Helgoland Urlaub machte, zeigte sich begeistert und zahlte vier Louis d'or für das Werk. Man schrieb das Jahr 1841.

Mag sein, dass Hoffmann von Fallersleben auf Helgoland damals von besonderer Schwermut erfasst wurde. Denn die von Friesen bewohnte Insel hatte seit dem 14. Jahrhundert zum Herzogtum Schleswig gehört. Infolge des Großen Nordischen Krieges von 1713 zerfiel dieses Herzogtum, und Helgoland unterstand nun der dänischen Krone. Doch im Jahr 1807 besetzten Briten die Insel kurzerhand und verleibten sie sich als Kolonie ein. Der Kieler Frieden von 1814 bestätigte ihre Oberhoheit, doch viele deutsche Schriftsteller und Intellektuelle vermochten sich mit diesem Zustand nicht abzufinden. Helgoland avancierte zu ihrem Sehnsuchtsort. Nicht nur Julius Campe und Hoffmann von Fallerleben urlaubten auf Helgoland, auch Heinrich Heine rühmte die Insel. Und das erfolgreiche „Tagebuch von Helgoland" des Schriftstellers Ludolf Wienbarg trug wesentlich zu ihrer damaligen Popularität bei.

So einigte man sich schließlich 1890 mit den Briten und schloss einen Vertrag, mit dem die deutschen und britischen Interessensphären in den afrikanischen Kolonien geregelt wurden. Gleichzeitig erhielt Deutschland die Insel Helgoland. Das Vertragswerk ging als „Helgoland-Sansibar-Vertrag" in die Geschichte ein, dabei hat Sansibar allerdings niemals als Kolonie zu Deutschland gehört. Deutschland verpflichtete sich lediglich, die Schutzherrschaft Großbritanniens über die Insel anzuerkennen.

Es war ein guter Tausch. Denn Afrika liegt irgendwo fernab auf dem Globus, die kleine Insel aber ist Deutschlands Küste in nur 60 Kilometern Entfernung vorgelagert und bildet damit einen strategisch wichtigen Außenposten. Tatsächlich ist Helgoland Deutschlands einzige Hochseeinsel. Deshalb lag es auch keineswegs primär im deutschen Interesse, sich die Insel als neues Seebad einzuverleiben. Vielmehr dachte man an eine Seefestung, und prompt wurde das beschauliche Eiland zum Marinestützpunkt ausgebaut. Im Ersten Weltkrieg fanden hier heftige Seegefechte statt, die Bevölkerung wurde evakuiert und konnte erst nach Kriegsende zurückkehren. Auch im Zweiten Weltkrieg nutzten die Nationalsozialisten Helgoland als Marinehafen, doch hatten Inseln dank der Entwicklung der Luftwaffe ihre Bedeutung inzwischen weitgehend eingebüßt.

Um die Insel vor der Zerstörung zu bewahren, hatten sich kurz vor Kriegsende einige Widerständler zusammengetan. Sie planten die kampflose Übergabe Helgolands an die Alliierten, wurden aber in letzter Sekunde verraten und hingerichtet. Gleichzeitig kamen die Flugzeuge der Royal Air Force und machten die Insel mit dem Abwurf von 7.000 Bomben unbewohnbar. Die Helgoländer wurden evakuiert, Helgoland militärisches Sperrgebiet. Die Briten führten in den Folgejahren dort umfassende Sprengungen und Bombenabwürfe durch. Die mögliche komplette Zerstörung der Insel wurde dabei billigend in Kauf genommen.

Mit Entsetzen verfolgten die Helgoländer diese Vorgänge aus der Ferne. Sie setzten alles daran, ihre Heimat zurückzuerhalten. So richteten sie eine Petition an die Vereinten Nationen, appellierten an das britische Unterhaus und schrieben an den Papst. Im Dezember 1950 besetzten schließlich ein Publizist und zwei Studenten die Insel und hissten die deutsche Flagge, die Flagge der Europäischen Bewegung und die Flagge

Helgolands. Zwei Wochen lang ließen die Briten sie gewähren, dann holten sie die Aktivisten von der Insel weg.

Doch die Besetzung hatte großes Aufsehen erregt. Der Deutsche Bundestag forderte schon im Januar 1951 geschlossen die Rückgabe Helgolands, und am 1. März des darauffolgenden Jahres gaben die Briten letztendlich klein bei. Dieser Tag wird bis heute auf Helgoland als Feiertag begangen.

Eine Wiederaufbaukommission nahm sich der Insel an und verzichtete bewusst auf die Rekonstruktion der früheren Bebauung. Für die Zukunft Helgolands stand jetzt die Entwicklung des Fremdenverkehrs im Fokus.

Die Hauptinsel ist im Norden und Westen von markanten Buntsandsteinfelsen geprägt. Hier befindet sich auch das berühmte Wahrzeichen, die Felsnadel „Lange Anna". Im Süden der Hauptinsel gibt es eine Landungsbrücke und einen kleinen Sandstrand. Jenseits der Meeresstraße Reede liegt die Nebeninsel Düne, eine flache Strandinsel. Hier befinden sich der Flugplatz, Badestrände, Ferienbungalows und ein Campingplatz. Die reiche maritime Tier- und Pflanzenwelt machen Helgoland natürlich auch für die Forschung interessant. Deshalb existieren eine Vogelschutzwarte und eine meeresbiologische Forschungsstation. Und für die Freunde außergewöhnlicher Schmucksteine gibt es noch ein ganz besonderes Schmankerl: den roten Feuerstein. Man findet ihn hauptsächlich auf der Insel Düne, er ist weltweit einzigartig.

Doch noch eine andere Besonderheit hält Helgoland für seine Gäste bereit. Es ist das Ausbooten in offenen Schiffchen, die Platz für etwa 50 Passagiere bieten. Mittels dieser „Börteboote" werden die Passagiere der großen Helgolandfähren an Land gebracht, denn im kleinen Inselhafen ist zu wenig Platz. Lediglich die Katamaranfähren dürfen im Sommer direkt im Hafen anlanden.

„Grün ist das Land, rot ist die Kant, weiß ist der Sand – das sind die Farben von Helgoland", so heißt es. Es ist eine gute Charakterisierung der windumtosten, rauen Nordseeschönheit. Spaziert man hoch oben auf dem Klippenweg um die Insel herum, fühlt die frische Seeluft und blickt hinaus in die Weite des Meeres, so spürt man vielleicht ein wenig von der Sehnsucht, die Hoffmann von Fallersleben einst zu seinen pathetischen Zeilen inspiriert hat. Ein Ehrenmal erinnert auf Helgoland an die Entstehung der deutschen Nationalhymne, deren missverständliche erste Strophe den Nationalsozialisten zum Opfer gefallen ist und deren zweite Strophe der Tatsache, dass es zunächst nichts als ein Trinklied sein sollte. Nach allen Wirren haben nur die unumstrittenen Werte der dritten Strophe Bestand: Einigkeit und Recht und Freiheit.

Helgoländer Knieper

Zutaten für 4 Personen:

2 kg Taschenkrebsscheren („Knieper", beim Fischhändler vorbestellen)
1 Bd. Suppengrün
150 g Mayonnaise
50 g Ketchup
4 cl Weinbrand
250 g Friséesalat
2 El geriebener Meerrettich
2 Msp. Cayennepfeffer
150 ml Sahne
1 Zitrone
1 Schalotte
1 Tl Zucker
Salz, Pfeffer

Zubereitung:

Die Mayonnaise mit dem Meerrettich, dem Ketchup, dem Weinbrand, dem Cayennepfeffer sowie Salz und Pfeffer gut zu einer Cocktailsauce vermischen und kalt stellen.

Den Friséesalat waschen, putzen und in Streifen schneiden. Die Schalotte schälen und sehr fein hacken. Die Zitrone auspressen und den Saft langsam unter Rühren mit der Sahne vermischen. Den Zucker hinzufügen und mit Salz und Pfeffer zu einem Dressing abschmecken.

Das Suppengrün putzen, in grobe Stücke schneiden und in einem großen Topf mit Salzwasser aufsetzen. Die Knieper unter fließendem Wasser gründlich abbürsten und in das kochende Salzwasser geben. Die Hitze reduzieren und die Knieper 20 Minuten lang leise köcheln lassen. Dann herausnehmen und die Scheren an den dicksten Stellen mit einem Hammer oder Fleischklopfer kräftig anschlagen, sodass die Schalen splittern. Dabei aber nicht ganz durchschlagen, damit das Fleisch nicht in Mitleidenschaft gezogen wird.

Den Friséesalat mit dem Dressing verrühren und die lauwarmen Knieper darauf anrichten. Zusammen mit der Cocktailsauce und frischem Baguette servieren.

Knieper, die Scheren des Taschenkrebses, sind auf Helgoland eine beliebte Delikatesse, seitdem die Hummerbestände nach dem Zweiten Weltkrieg stark zurückgegangen sind. Traditionell werden sie dort in Meerwasser zubereitet. Man reicht gerne auch mehrere unterschiedliche Saucen dazu. So kann man beispielsweise auch noch eine Senf-Essig-Mayonnaise oder eine Dill-Mayonnaise mit den Kniepern servieren.

Bei der etwas komplizierten Entnahme des Fleischs aus den Panzern nimmt man auf Helgoland ein spezielles Kniepbesteck zu Hilfe. Man kann aber auch eine Hummerzange oder eine kleine Gabel verwenden.

Knieper ist ein Wort aus der Helgoländer Sprache Halunder und bedeutet „Kneifer". Das Halunder ist ein friesischer Dialekt und wird heute nur noch von einem Drittel der 1.500 Einwohner Helgolands gesprochen. Es ist neben dem Hochdeutschen auf Helgoland als Amtssprache zugelassen.

Das Tor zur großen, weiten Welt – Bremerhaven

Es ist das Jahr 1854. Knapp 200 Menschen drängen sich an der Pier. Sie haben Koffer und Kisten bei sich. Ihre Gesichter sind blass, in manchen Blicken spiegelt sich Furcht. Es ist die Furcht vor dem Ungewissen. Denn sie haben alles hinter sich gelassen und stehen vor dem Aufbruch in eine neue Welt. Und doch sind sie privilegiert. Denn an der Pier hat der Raddampfer Washington angelegt, eines der größten und komfortabelsten Schiffe dieser Zeit. Die Menschen an der Pier können sich die kostspielige Überfahrt leisten, sie müssen nicht wie so viele andere mit billigen Quartieren im Zwischendeck eines Frachters vorliebnehmen. Die Washington bietet Luxus, hier gibt es eine recht passable zweite Klasse, noch mehr Platz aber hat die feine erste Klasse. Deren Passagiere kommen in den Genuss eines Rauchersalons, eines Baderaumes und eines Barbierzimmers.

Das Ziel ihrer Reise heißt New York, wenn alles gut geht, werden sie schon in 16 Tagen Amerika erreichen. Eine Rückfahrt haben sie nicht gebucht. Denn sie sind Auswanderer.

Die Pier befindet sich in Bremerhaven. Hier ist die Washington schon im Juni 1847 nach ihrer ersten Atlantiküberquerung zum allerersten Mal in einem europäischen Hafen eingelaufen. Das gilt als der Beginn des Passagierverkehrs zwischen Bremerhaven und den Vereinigten Staaten von Amerika, und jetzt, im Jahr 1854, hat er einen vorläufigen Höhepunkt erreicht. Schon im letzten Jahr sind mehr als 70.000 Menschen von hier aus nach Amerika aufgebrochen, in diesem Jahr werden es fast 77.000 sein. Bremerhaven ist der größte Auswandererhafen Europas.

Dabei ist Bremerhaven zu dieser Zeit noch gar nicht alt. Das Stadtgelände hatte bis vor kurzem zum Königreich Hannover gehört. Doch die alte Hansestadt Bremen bekam zunehmend Probleme mit der Versandung der Weser. Das machte es für die Handelsschiffe immer schwieriger, den Fluss zu befahren, und so kaufte Bremen den Hannoveranern 1827 kurzerhand ein Stück Land an der Außenweser mit direktem Zugang zur Nordsee ab. Die Bremer begannen unverzüglich mit dem Bau eines Hafens und nannten diesen passenderweise Bremerhaven. So kommt es, dass der Stadtstaat Bremen noch heute eine knapp 60 Kilometer entfernte Exklave an der Wesermündung hat.

Schon bald gewann der neue und hochmoderne Hafen große Bedeutung. Denn die berühmtesten Schiffe der Welt steuerten Bremerhaven an und machten es damit überall bekannt. Nicht nur die Auswanderer sorgten dafür, dass die neue Stadt schon sehr bald boomte. Auch die hier ins Leben gerufene Reederei Norddeutscher Lloyd trug zum Aufschwung bei, denn sie entwickelte sich schnell zum bedeutendsten deutschen Schifffahrtsunternehmen. Schon 1890 verfügte man über 66 stolze Schiffe und war zur zweitgrößten Reederei der Welt aufgestiegen, übertroffen nur von der britischen P&O. Der Norddeutsche Lloyd brachte von allen Reedereien die meisten Auswanderer in die USA, denn seine Schiffe boten reichlichen und billigen Platz auf ihren Zwischendecks. Um die vorletzte Jahrhundertwende konnte man mit vier Doppelschrauben-Schnellpostdampfern nicht nur die schönsten, sondern auch die schnellsten Transatlantikkreuzer der damaligen Zeit sein Eigen nennen.

Doch der Erste Weltkrieg brachte das Aus. Die Versailler Verträge erzwangen die Ablieferung aller großen Seeschiffe an die Siegermächte. Die Reederei musste von vorne beginnen. Sie fuhr mit kleineren Schiffen weiter und versuchte, in der aufkommenden Luftfahrt Fuß zu fassen. Aus der zu diesem Zweck gegründeten Tochtergesellschaft entstand binnen weniger Jahre nach einigen Fusionen mit anderen Unternehmen die Lufthansa.

Und auch im Schiffsbau verzeichnete man bald wieder Erfolge. Die großen Turbinenschiffe Bremen und Europa holten zu Beginn der Dreißigerjahre das „Blaue Band" für die schnellste Atlantiküberquerung. Doch die Zahl der Passagiere, die nach Amerika reisen wollten, ging in diesen Jahren drastisch zurück. Dann kam der Zweite Weltkrieg und machte sämtlichen Schiffen des Norddeutschen Lloyd den Garaus. Schon wieder stand man vor einem Neuanfang.

Erneut gelang es, eine stattliche Schiffsflotte aufzubauen. 1970 fusionierte der Norddeutsche Lloyd mit der „Hamburg-Amerikanischen Packetfahrt-Actien-Gesellschaft" und nannte sich Hapag-Lloyd AG. Das Rennen um den Standort machte Hamburg. Und was wurde aus dem stolzen Hafen des Landes Bremen?

1972 begann hier die Einrichtung des Deutschen Schifffahrtsmuseums, das zum bedeutendsten maritimen Museum Deutschlands geraten sollte. Es werden Schaustücke zu den verschiedenen Epochen der Seefahrt gezeigt, darunter Barke und Hochseeschlepper, Yacht, Feuerschiff oder Walfangdampfer. Eine der Attraktionen des Museums ist die Hansekogge aus dem Jahr 1380. Außerdem gibt es zahlreiche Exponate zur Handelsschifffahrt, zur Fischerei, zum Walfang, zur Marine und zur Polarforschung. Ein Trägerverein stellt zusätzlich ein begehbares U-Boot aus.

Aber natürlich ist die Entwicklung Bremerhavens seitdem nicht auf einer musealen Ebene stehengeblieben. Zwar mussten die anderen großen Werften der Stadt wie Tecklenborg oder Rickmers im Zuge der weltweiten Werftenkrise seit den Siebzigerjahren schließlich das Handtuch werfen. Doch Bremerhaven setzte auf den Ausbau seiner Fischfangflotte und ist heute der bedeutendste Fischereihafen Deutschlands. Scherzbolde nennen die Stadt deshalb auch „Fischtown" und ihre Bewohner „Fischköppe". Aber auch der Umschlag von Südfrüchten floriert in Bremerhaven. In riesigen Hallen auf dem Hafengelände reifen die Bananen für ganz Deutschland vor sich hin. Wo so viele Lebensmittel anlanden, da lässt natürlich auch die verarbeitende Industrie nicht auf sich warten. In Bremerhaven sitzen daher zahlreiche Hersteller von Fertiggerichten und Tiefkühlkost.

Auch die Konstrukteure von Windanlagen haben Bremerhaven als Firmenstandort entdeckt. Über ein gewaltiges Offshore-Terminal sollen die gigantischen Räder in Zukunft direkt zu den großen Windenergieparks vor der Küste geschafft werden.

Und schließlich ist da noch das Containerterminal Bremerhavens. Es hat eine Kailänge von sagenhaften 4.680 Metern und ist damit das längste Containerterminal der Welt. Dazu gehört einer der größten Parkplätze Europas, denn über Bremerhaven wird schwerpunktmäßig der Im- und Export von Autos abgewickelt.

All das macht Bremerhaven für Freunde der Schifffahrt interessant. Doch nicht nur für diese. Denn hier in Bremerhaven endet die Deutsche Märchenstraße. Dafür ist ein kleiner Kobold verantwortlich, der auf den Schiffen heimisch ist: der

Klabautermann. Lärmend und Schabernack treibend geht er den braven Seefahrern auf die Nerven, doch zu sehen bekommen sie ihn in der Regel nicht. Das ist auch gut so, denn verlässt der Klabautermann das Schiff, so ist es dem Untergang geweiht. Um den kleinen Tunichtgut abzuschrecken und unter Bord zu halten, wurde nach altem Brauch ein Huhn auf Reisen mitgeführt. Denn Hühner scheint der vorwitzige Kobold nicht leiden zu können.

Natürlich war der Klabautermann auch an Bord, wenn die Auswanderer ihre Reise ins Ungewisse antraten. Die Wehmut, mit der sie von der Heimat Abschied nahmen, kann man heute noch nachempfinden. Am alten Bananenpier des Kaiserhafens liegt eine Kneipe, der „Treffpunkt Kaiserhafen", besser bekannt als „letzte Kneipe vor New York". Umgeben von maritimem Interieur kann man sich hier ein bisschen wie ein Auswanderer fühlen, der schon bald in See stechen wird. Und der nun mit schwerem Herzen zum letzten Mal die heimische Kost genießt. Zum Beispiel Labskaus, das alte Seefahrergericht.

Labskaus

Zutaten für 4 Personen:

400 g Corned Beef
400 g vorgek. Rote Bete
500 g mehligkochende Kartoffeln
5 Zwiebeln
150 ml Gemüsebrühe
100 g Butter
4 Gewürzgurken mit Sud
4 Rollmöpse
4 Eier
3 El Speiseöl
2 El Essig
1 Tl Zucker
Pfeffer, Salz

Zubereitung:

Die Rote Bete in Scheiben schneiden (dabei am besten Einweghandschuhe anziehen), ¾ davon mit der Mischung aus Essig, Speiseöl, Zucker, Salz und Pfeffer vermengen und 1 Stunde lang im Kühlschrank durchziehen lassen. Die restliche Rote Bete fein hacken.

Die Kartoffeln mit der Schale garen, danach pellen und zerstampfen. Die Zwiebeln schälen, 4 davon fein würfeln, die andere in Ringe schneiden und beiseitestellen. In einer hohen Pfanne 60 g Butter zerlassen und die Zwiebelwürfel darin glasig braten. Anschließend das Corned Beef hinzugeben und 2 Minuten lang mitbraten, dabei mit der Gabel zerdrücken. Mit der Gemüsebrühe und 3 El des Gewürzgurkensuds ablöschen und die Kartoffelmasse sowie die gehackte Rote Bete unterrühren. Mit Salz und Pfeffer würzen und bei schwacher Hitze 5 Minuten lang ziehen lassen, dabei ab und zu umrühren.

In einer zweiten Pfanne die restliche Butter erhitzen und die Eier darin zu Spiegeleiern braten.

Auf 4 Tellern jeweils ein Viertel des Labskaus anrichten und ein Spiegelei darauflegen. Je 1 Rollmops, 1 Gewürzgurke und einen Teil der Roten Bete und der Zwiebelringe dazulegen.

Labskaus ist ein Eintopfgericht der Seeleute und wurde früher aus Pökelfleisch zubereitet. Das sorgte für die charakteristische rote Färbung, bei der heute die Rote Bete nachhilft. Das Gericht wurde erstmals 1706 erwähnt. Die Smutjes hackten das Pökelfleisch klein oder pürierten es, weil die Matrosen oft unter Skorbut litten und deshalb schlechte Zähne hatten. Außerdem ließ sich so auch die minderwertige Qualität des Fleischs kaschieren.

Das Gericht ist in ganz Norddeutschland verbreitet, aber auch in Dänemark, Norwegen, Finnland und Schweden bekannt. Außerdem findet man es im englischen Liverpool, wohin es die Seefahrer exportiert haben. Für Liverpooler „Scouse" wird das Fleisch nur in Stücke geschnitten und nicht püriert, genauso macht man es beim dänischen „Skipperlabskovs". Die Norweger verwenden Fleisch, Kartoffeln, Steckrüben und Wurzelgemüse, ihr Labskaus erinnert deshalb an eine dicke Gemüsesuppe. In Deutschland hat sich das Corned Beef durchgesetzt. Für die Mecklenburger Variante verwendet man allerdings weder Fisch, Gurken noch Rote Bete.

Wer recht hat, weiß man nicht. Das Originalrezept – sollte es in einheitlicher Form je existiert haben – ist nicht überliefert.

Das deutsche Atlantis – Rungholt

In der Johannisnacht, zur Zeit der Sommersonnenwende, erscheinen manchmal schemenhafte Umrisse weit draußen vor der nordfriesischen Küste bei Husum. Wie die Silhouette einer gespenstischen Stadt erheben sie sich aus den Fluten. Vom Mondlicht beschienen ragen Giebel und Türme in den Sternenhimmel. Dann, wenn man ganz still verharrt, ist es mitunter, als ob man Glockenläuten höre. Gleich Nebelgeistern steigen vereinzelte Rauchwolken aus den Schornsteinen, und Lichter scheinen hier und dort aufzublitzen. Schon tritt man näher ans Ufer heran und reibt sich die Augen. Um besser in die Ferne blicken zu können, verengt man die Lider zu engen Schlitzen. Liegt dort draußen das geheimnisumwobene versunkene Rungholt? Doch plötzlich schiebt sich eine Wolke vor den Mond, und erloschen ist die unheimliche Vision, so schnell, wie sie gekommen ist.

Alte Balladen und Legenden wissen von der sagenhaften Stadt Rungholt zu berichten. Unermessliche Reichtümer sollen ihre Bewohner gehortet und ein Leben in Saus und Braus geführt haben. Suff, Völlerei, Ausschweifungen und Orgien waren an der Tagesordnung. Man hielt sich für unbesiegbar und für die Krone der göttlichen Schöpfung. Doch eines Tages flößten Trunkenbolde während eines der üblichen Gelage einem Schwein ordentlich Alkohol ein und verlangten danach vom Priester des Rungholter Kirchspiels, dem Tier die Sterbesakramente zu geben. Dem entsetzten Gottesmann gelang die Flucht vor diesem lasterhaften Anliegen, er verschanzte sich in seiner Kirche. Noch in der gleichen Nacht wurde ihm ein warnender Traum gesandt, und so verließ der fromme Mann am nächsten Morgen die Stadt Rungholt. Gerade noch rechtzeitig, denn Gottes Zorn brach angesichts der versuchten Sakramentschändung mit voller Wucht über das lasterhafte Rungholt herein.

Was dann geschah, fasste der Dichter Detlev von Liliencron 1883 wie folgt in Worte: „Ein einziger Schrei – die Stadt ist versunken. Und Hunderttausende sind ertrunken!“ Er berief sich mit seiner Ballade auf uralte Überlieferungen, doch was damals wirklich geschehen war, wusste längst niemand mehr.

Wo einst die Stadt Rungholt lag, ist heute nur Wasser. Lediglich ein paar Halligen und vereinzelte Inseln ragen aus dem Watt, das früher ein fruchtbares Marschland gewesen sein muss. Doch im Januar des Jahres 1362 brach eine entsetzliche Flutkatastrophe über die Nordseeküste herein und zerriss die nordfriesischen Uthlande. Die ohnehin niedrigen Deiche der Region wiesen zu dieser Zeit starke Schäden auf. Die Kleine Eiszeit war nämlich über Nordeuropa hereingebrochen, sie brachte schlechte Ernten und in deren Folge schlimme Hungersnöte mit sich. Zudem hatte die große Pest das Land überzogen und viele Opfer gefordert. Die übrig gebliebenen Bewohner der Uthlande waren zu geschwächt, um die Deiche ordentlich zu pflegen. Daher konnten diese der Naturgewalt nicht standhalten und brachen auf breiter Front.

Das dahinterliegende Land war teils durch Torfabbau abgesunken, teils hatte man es als Ackerland genutzt. Der Ackerboden ist aber vor der Erosion weniger geschützt als durchgehend bewachsenes Land, weshalb auch die Felder unterhalb des Meeresspiegels lagen. Das mit der Flut hereinbrechende Wasser floss deshalb nicht mehr ab, und das Land versank nach und nach. Mensch und Vieh ersoffen elendiglich in den Fluten.

Präzise Aufzeichnungen aus dieser Zeit sind nicht erhalten, doch sprechen Chroniken von hunderttausend Toten an der Westküste der Nordsee zwischen Elbe und Ribe. Wenn auch diese Zahl übertrieben sein mag, so gab es doch nach der todbringenden Flut niemanden mehr, der dem Meer das Land durch neue Eindeichungen wieder hätte abtrotzen können. Immense Flächen fruchtbaren Kulturlands waren versunken, der Küstenverlauf Nordfrieslands mit seinen schützenden Nehrungen für immer verloren. Die Priele zwischen den früheren Marschinseln vertieften sich und gewannen an Kraft, bei jeder Flut drangen sie weiter ins Land ein und forderten ihren Tribut. So entstanden allmählich die Halligen, doch immer mehr alte Ortschaften mussten als Folge der großen Flut des Spätmittelalters endgültig aufgegeben werden. Sie ging als Zweite Marcellusflut in die Geschichte ein und ist nur eine der schrecklichen Fluten, die die Nordseeküste immer wieder heimgesucht haben. Doch erwiesen sich ihre Folgen für Nordfriesland als ganz besonders verheerend.

Diese grauenhafte Katastrophe beflügelte die Fantasie der Menschen in den darauffolgenden Jahrhunderten. Die düsterromantische Vorstellung von maßloser Dekadenz und einem göttlichen Strafgericht drängte sich geradezu auf. So entstanden die Sagen um Rungholt. Doch diese Stadt ist keineswegs ein Produkt der Fantasie.

Schon zu Zeiten der Wikinger siedelten Friesen an den fruchtbaren Gestaden der Uthlande. Ihre regionale Hauptstadt war Rungholt, eine Siedlung, die aus drei Ortsteilen bestand. Die Häuser der Stadt befanden sich auf Warften, künstlich aufgeworfenen Hügeln, und wurden durch Deiche vor den Fluten der Nordsee geschützt. Innerhalb der Eindeichung lagen

Wiesen und Felder, urbar gemacht durch Entwässerungsgräben, und Schleusen trennten diese vom Nordseewasser ab, bis die große Flut kam und alles verschlang.

Immer wieder machten sich in den vergangenen Jahrhunderten Schatzsucher auf, um nach Rungholt und seinen versunkenen Reichtümern zu fahnden. Doch lange blieben sie ohne Erfolg. Bis schließlich im 20. Jahrhundert der Heimatforscher Andreas Busch auf die Spuren von Deichen, Schleusen und einer Kirchwarft mit Friedhof stieß. Rungholt?

In den Neunzigerjahren trat dann der Ethnologe Hans Peter Duerr auf den Plan und lokalisierte Rungholt ein Stück weiter nordwestlich von Buschs Fundstelle im Norden der Hallig Südfall. Er glaubt sogar, Beweise für eine eisenzeitliche Besiedlung des Fleckens gefunden zu haben und vermutet einen regen Handel mit minoischen Schiffern in der Zeit des 14. vorchristlichen Jahrhunderts.

Neuere Datierungen scheinen allerdings dem Heimatforscher Busch recht zu geben. Duerrs Funde könnten somit zu einem ebenfalls versunkenen Nachbarort Rungholts gehören.

Die angeblich großen Schätze der alten Stadt sind bislang unentdeckt geblieben. Doch im Gebiet von Rungholt findet man immer wieder Keramiken aus dem 13. und 14. Jahrhundert im Watt. Bei vielen Stücken handelt es sich um Töpfergut aus dem Rheinland, dazu gibt es auch Kannen aus Spanien und skandinavisches Steinzeug. Importierte Keramik stellte ein Luxusgut dar und gilt als Hinweis auf den tatsächlich vorhandenen Reichtum Rungholts. Außerdem fand man einige Gegenstände aus Metall – Fibeln, Waffen und bronzene Töpfe. Man kann aus all dem schließen, dass rund 100.000 Menschen in Rungholt lebten. Die Rungholter betrieben Handel mit Salz und Torf, hielten Vieh und bauten Roggen an. Sie lebten auf 25 angehäuften Warften, ihre Deiche waren zwei Meter hoch, doch ihr Land lag unterhalb des Meeresspiegels. Als die Flut hereinbrach, hatten sie keine Chance.

Alle sieben Jahre tauche Rungholt in der Johannisnacht wieder aus den Fluten auf, so heißt es in einer alten Legende. Doch manche Fischer erzählen, dass bei ruhigem Wetter die Glocken der Stadt zu allen Zeiten unter der Wasseroberfläche zu hören sind. Man muss nur still verharren und lauschen, weit draußen auf dem Meer vor Husum.

Roggengrütze

Zutaten für 4 Personen:

1 l Milch
150 g Roggengrütze (grob geschrotete Roggenkörner)
2 aromatische Äpfel
100 g brauner Zucker
100 g Rosinen
50 g gehackte Haselnüsse
50 g Butter
1 El Zimt
200 ml Sahne
Salz

Zubereitung:

Die Rosinen in lauwarmem Wasser 15 Minuten lang einweichen. Die Äpfel schälen, vierteln, entkernen und in dünne Scheiben schneiden. Die Milch in einem Topf zum Kochen bringen (Vorsicht, nicht überkochen lassen) und unter ständigem Rühren die Grütze einstreuen. Die Hitze reduzieren und die Grütze 10 Minuten lang köcheln lassen, dabei dauernd rühren, damit sie nicht am Boden ansetzt.

Anschließend die gut abgetropften Rosinen, die Äpfel, Haselnüsse, Butter, eine Prise Salz und die Hälfte des Zuckers einrühren, vom Herd nehmen und quellen lassen, bis die ganze Milch von der Grütze aufgesaugt und ein dicker Brei entstanden ist. Noch einmal gut umrühren und in eine Schüssel umfüllen.

Die Sahne mit dem restlichen Zucker und dem Zimt vermischen und über die warme Grütze geben. Sofort servieren.

Land unter! – Leben auf der Hallig

Mehr als fünfzehnmal im Jahr muss sie fliehen, erzählt die Bäuerin Grietje. Im Obergeschoss ihres Bauernhauses gibt es einen Schutzraum, in dem sich die Familie zu diesen Zeiten verschanzt. Er ist ganz modern und aus Stahlbeton erbaut, hier sind sie sicher. Neben dem Haus befindet sich ein Notstall, in den haben sie ihre Rinder und Schafe getrieben, damit auch diese in Sicherheit sind. Denn wieder mal kommt die Flut und es heißt „Land unter!", Alltag auf den Halligen.

Die Halligen sind kleine Inseln, die von den Sturmfluten im nordfriesischen Wattenmeer zurückgelassen wurden. Heute existieren nur noch zehn davon vor Deutschlands Küste, drei weitere gab es im dänischen Wattenmeer. Eine davon wurde 1999 überflutet und versank, eine andere wurde so mit Seedeichen geschützt, dass sie keine Hallig mehr ist. Deshalb ist heute Langli die letzte Hallig Dänemarks.

Die zehn deutschen Halligen scharen sich ringsherum um die Insel Pellworm, die drittgrößte der nordfriesischen Inseln nach Sylt und Föhr. Diese Inseln haben einen sogenannten „Geestkern" mit soliden Überbleibseln glazialer Ablagerungen aus den Eiszeiten. Darin unterscheiden sie sich von den Halligen, die einzig und allein aus maritimen Sedimenten bestehen. Sie verdanken ihre Existenz den Überflutungen, bei denen Schlick und Schluff stellenweise im untergegangenen Marschland abgelagert wurden. Priele und Wattströme veränderten die Formen dieser Ablagerungsinseln ununterbrochen, und neue Sturmfluten spülten sie hinweg oder ließen andere Halligen entstehen. Wer auf den Halligen siedelte, führte deshalb ein unsicheres Leben. Nicht nur, dass mehrfach im Jahr Land unter war, die ständige Veränderung der Halligen zwang die Menschen auch immer wieder zur Aufgabe ihrer Häuser und zur Umsiedlung.

Um einigermaßen Schutz zu finden, erbaute man die Wohngebäude und Ställe auf erhöht angelegten Warften, die mühsam von Hand aufgeschichtet worden waren. Durch die ständigen Überschwemmungen prägen Salzwiesen das um diese Warften herumliegende Land, an Ackerbau ist hier nicht zu denken. Die Halligbauern halten deshalb Rinder und Schafe, die sich mit den zähen Gewächsen der Salzwiesen bescheiden.

Weil das zum Leben schwerlich ausreichte, verdienten die Männer den Lebensunterhalt in früheren Zeiten als Seefahrer und Walfänger, während die Frauen daheim das Vieh versorgten. Sie verarbeiteten die Schafswolle und verdienten damit ein bisschen hinzu. Alles Getreide musste auf dem Festland erworben werden.

Auf den größeren Halligen waren bis ins letzte Jahrhundert hinein die Salzwiesen Gemeingut, die Weiderechte wurden alljährlich nach den Winterstürmen neu vergeben.. Auf den kleinen Halligen fand hingegen oft nur eine einzige Bauernfamilie ihr Auskommen.

Zum Essen gab es, was die Hallig zu bieten hatte: Fische, Krabben, Eier von Seevögeln und die Seevögel selbst. Der auf den Salzwiesen gefundene Meerstrandswegerich diente als pflanzliche Zusatzkost. Die jungen Blätter und Sprossen schmecken delikat und können sowohl roh als auch gekocht verzehrt werden.

Im Uferbereich der Halligen wächst Reet, das man zum Eindecken der Hausdächer nutzte. Alles Strandgut wurde irgendwie verwendet, denn Bäume wachsen auf den Halligen nicht. Baumaterial musste importiert werden und war deshalb kostbar. Der Schafskot diente als Brennmaterial, er wurde zu Klumpen zusammengeballt und in der Sonne getrocknet. Manche Halligbauern trockneten auch die Kuhfladen zu diesem Zweck. Zusätzlich gab es Seetorf, den man ebenfalls trocknen und verbrennen konnte. Mit diesem Seetorf betrieben die Halligbewohner auch Handel, außerdem siedeten sie Salz aus dem Meerwasser und verkauften es. Möglich, dass daher der Name „Hallig" stammt, denn „hallan" ist ein altes Wort für „Salzkruste". Die Bezeichnung „Hall" findet sich häufig in den Namen von Orten, wo Salz gefunden wird.

Das war der Segen des Salzes. Der Fluch hingegen lag darin, dass der Halligboden kein Süßwasser speichern kann. Die Halligbauern mussten deshalb den Regen sammeln, um sich selbst und ihr Vieh mit Trinkwasser zu versorgen. Überspülte eine Flut ihren Wasservorrat, so mussten sie mühsam Frischwasser vom Festland holen. Erst seit den Sechzigerjahren des letzten Jahrhunderts führen Wasserleitungen zu den bewohnten Halligen. Einzige Ausnahme ist die winzige Hallig Südfall, auf der auch heute noch zwei Menschen leben.

Die größte der Halligen ist Langeness mit rund 100 Einwohnern, gefolgt von Hooge mit immerhin noch mehr als 80. Auf den anderen der zehn deutschen Halligen leben deutlich weniger Menschen. Fünf der Halligen haben kleine Kirchen und Friedhöfe. Die Kinder der Halligbauern werden in Zwergschulen unterrichtet, die Schule der Hallig Hooge besuchten 2020 nur acht Schüler. Es gibt einen Lehrer vor Ort, ansonsten werden die Kinder via E-Learning übers Internet unterrichtet.

Das Halligleben ist heute längst nicht mehr so unsicher, wie es das einst gewesen ist. Nachdem 1825 bei der Großen Halligflut 800 Menschen ertrunken waren, nahm sich der Staat des Küstenschutzes und der Halligen an. Denn diese waren von der Flut stark in Mitleidenschaft gezogen worden. Die Wucht des Wellenschlags zerstörte etliche Bauernhäuser, viele Bewohner kamen ums Leben. Von den zahlreichen kleinen Halligen waren nach der Flut nur noch die heutigen zehn übrig geblieben. Nun befestigte man die Kanten der Halligen, manche erhielten zusätzlich einen Sommerdeich, der das Tidenhochwasser abhält. Steinlagen und Lahnungen mit Holzpflockreihen sorgen für den Uferschutz. An diesen lagert sich Schlick ab, sodass die Halligen heute sogar allmählich wachsen. Die Halligen Oland und Nordstranischmoor sind durch Dämme mit dem Festland verbunden, auch an diesen lagert sich allmählich neues Land an. Und außerdem haben sich zwischen den Halligen und dem offenen Meer ganz von selbst die Nordfriesischen Außensände abgelagert. Sie brechen die Nordseewellen und sorgen auf natürliche Art für zusätzlichen Schutz. Aber dennoch gehört die „Land unter" genannte Überflutung der Halligen für deren Bewohner zum Alltag.

In ihrer Kindheit musste sie meist nur zehnmal im Jahr in den Hochwasserschutzraum fliehen, erinnert sich die Halligbäuerin Grietje. Heute kommt es mitunter doppelt so oft vor. Das sei eine Auswirkung des durch die Klimaerwärmung bedingten Meeresspiegelanstiegs, vermutet sie. Ein bisschen wehmütig schaut sie hinaus auf die Salzwiese, wo ihre Kinder Fiete, Neele und Marret fröhlich miteinander spielen. Ohnehin wird nur eines von ihnen eine Zukunft auf der Hallig haben, mehrere Familien kann das knappe Land nicht ernähren, seufzt Grietje. Doch wird es überhaupt eine Zukunft geben, wenn der Meeresspiegel noch weiter ansteigt?

Knerken – Plätzchen von den Halligen

Zutaten:

500 g Dinkelmehl
250 g Butter (zimmerwarm)
250 g brauner Zucker
3 Eier
2 Eigelb
3 Pck. Vanillezucker
200 ml Sahne
1 El gemahlener Kardamom
1 Tl Hirschhornsalz
Mehl für die Arbeitsplatte

Zubereitung:

Mehl, Zucker, Vanillezucker, Kardamom und Hirschhornsalz gut miteinander vermischen, auf einer Arbeitsplatte aufhäufen und eine Kuhle in die Mitte drücken. Die Eier und die in Stücke geschnittene Butter in diese Kuhle geben und alles zu einem Teig kneten, dabei nach und nach 150 ml Sahne hinzugeben. Kräftig kneten, bis ein geschmeidiger Teig entstanden ist. Den Teig fest in Frischhaltefolie einwickeln und 1 Stunde lang im Kühlschrank ruhen lassen.

Dann den Teig in vier Portionen teilen und auf einer eingemehlten Arbeitsplatte jeweils Rollen von etwa 4 cm Durchmesser daraus herstellen. Die Rollen in etwa ½ cm dicke Plätzchen schneiden und diese auf ein mit Backpapier ausgelegtes Backblech legen. Die restliche Sahne mit den 2 Eigelb verquirlen und die Plätzchen an der Oberseite damit einpinseln. Bei 200°C im vorgeheizten Backofen 10 Minuten lang backen. Dann abkühlen lassen. Wenn alle Plätzchen fertig gebacken sind, setzt man sie hochkant alle nebeneinander auf das Backblech und stellt sie für 2 Stunden bei 120°C zum Trocknen in den Backofen. Dadurch werden sie sehr lange haltbar.

Knerken sind ein traditionelles Gebäck von den Halligen. Jede Familie hat ihr eigenes Rezept dafür. Die Knerken wurden von den Männern mitgenommen, wenn sie auf Walfang gingen, denn sie sind auch nach einem halben Jahr noch genauso lecker wie am Backtag. Während der harten und monatelangen Walfangtouren waren sie eine tröstende Erinnerung an die Heimat. Heute isst man sie besonders zur Weihnachtszeit.

Toleranz und Holländer – Friedrichstadt

Hat Gott das Schicksal der Menschen seit jeher festgelegt? Hat er am Schöpfungstag bestimmt, was jedem einzelnen von uns widerfahren wird, wer von uns die göttliche Gnade empfangen soll, und wer hingegen der ewigen Verdammnis geweiht ist? Hat er seine treuen Gläubigen schon lange ausgewählt, und hat also der einzelne Mensch gar keine Möglichkeit, hierauf Einfluss zu nehmen? Mit anderen Worten: Bestimmt Gott, wer an ihn glaubt, und hat damit der Mensch gar nicht die Freiheit, sich selbst für oder gegen Gott zu entscheiden?

Nein, verkündete ein holländischer Prediger entschieden. Den Menschen zeichnet sein freier Wille aus, und deshalb kann er selbst bestimmen, ob er Gottes Gnade für sich annimmt oder ablehnt, so fuhr der Mann fort. Die Mitglieder seiner Glaubensgemeinschaft, sie nannten sich Remonstranten, hörten ihm aufmerksam zu und nickten beifällig. Wir sind mündig und können selbst entscheiden, ob und was wir glauben!

Doch diese Einstellung war bei der holländischen Obrigkeit nicht gut gelitten. Es war das 17. Jahrhundert, die christliche Kirche befand sich durch die Reformation europaweit im Umbruch. Auch in den Niederlanden wurde über die rechte Lehre heftig gestritten. Den althergebrachten Dogmen stand die Willens- und Glaubensfreiheit, welche die Remonstranten postulierten, konträr entgegen. Diese Revoluzzer mussten ausgemerzt werden! Deshalb wurden die Remonstranten in den Niederlanden ohne Erbarmen verfolgt.

Mit Interesse beobachtete Herzog Friedrich II. von Schleswig-Gottorf die Entwicklung im Nachbarland. Denn sie kam seinen ehrgeizigen Plänen äußerst zupass. Friedrich beabsichtigte nämlich nichts Geringeres als den Bau eines glänzenden Zentrums an der Handelsstraße, die von Ostindien über Russland bis nach Spanien führt. Nahe der Nordseeküste wollte er eine neue Handelsmetropole erbauen und seinem Land so zur Teilhabe an dem Wohlstand verhelfen, der aus den Geschäften erwuchs. Doch wie stampft man eine ganze Handelsstadt aus dem Boden?

Der Herzog hatte dazu nicht nur einen Plan, nein, dieser Plan erwies sich sogar als geradezu brillant. Friedrich bot den verfolgten Anhängern der niederländischen Remonstrantenbewegung Land zum Aufbau einer Stadt innerhalb seines Hoheitsgebiets an. Und mehr noch, hier sollten sie ihre Muttersprache als Amtssprache pflegen dürfen und vor allem absolute Religionsfreiheit genießen. Ein verlockendes Angebot, dass die Verfolgten nur zu gerne annahmen.

Freilich fußte die Idee nicht auf Friedrichs Inspiration. Schon ein paar Jahre zuvor hatte Christian IV., der damalige König von Dänemark und Norwegen sowie Herzog von Schleswig und Holstein, mithilfe des Versprechens der Religionsfreiheit eine neue Stadt ins Leben gerufen. Ihr Name ist Programm: Glückstadt. An der Unterelbe gelegen sollte diese neue Siedlung florieren und auf Christians Territorium der wachsenden Stadt Hamburg eine konkurrenzfähige Alternative entgegensetzen.

Diesen Plan nachzuahmen war Friedrichs Intention, als er 1621 die niederländischen Remonstranten in die Niederung der Flüsse Eider und Treene südlich von Husum einlud. Er versprach ihnen nicht nur Religionsfreiheit und Land, sondern auch wirtschaftliche Privilegien und eine eigenständige Verwaltung wie daheim in Amsterdam. Die Remonstranten brachten Herzog Friedrich darüber hinaus zu dem Zugeständnis, dass Angehörige aller anderen Religionen die gleichen Rechte in der Stadt bekommen sollten.

Mit den Remonstranten kamen deshalb auch wohlhabende Mennoniten aus den Niederlanden, und sie begannen, hübsche Giebelhäuser nach holländischem Vorbild zu errichten. In nur vier Jahren entstand aus dem Nichts heraus eine komplette Siedlung mit zentralem Marktplatz. Weil das Stadtgebiet im Marschland liegt, waren Kanäle und Grachten angelegt worden, um das Land trockenzulegen. Diese Wasserwege prägen nicht nur das Gesicht von Friedrichsstadt, sie runden auch das holländische Ambiente ab und halfen seinerzeit dabei, den Siedlern ein bisschen Heimatgefühl zu geben.

Schnell sprachen sich die Vorzüge der liberalen neuen Stadt herum. Von überallher kamen Menschen verschiedener Glaubensgemeinschaften, um sich dort niederzulassen. Doch der Dreißigjährige Krieg durchkreuzte Friedrichs schönen Plan. Er führte zu Umbrüchen in den Niederlanden, wodurch die Remonstranten ihren Glauben endlich auch dort ausüben durften. Viele kehrten nach Hause zurück. Der Aufschwung von Friedrichs Stadt kam ins Stocken. Noch immer überwiegend holländisch geprägt, dümpelte sie vor sich hin. 1850 erlitt sie im Zuge kriegerischer Auseinandersetzungen schwere Beschädigungen, wurde aber originalgetreu wiederaufgebaut.

So kommt es, dass der alte Kern von Friedrichstadt mit seinen Kanälen und holländischen Backstein-Renaissancehäusern erhalten geblieben ist. Noch heute erkennt man an der schachbrettartigen Anlage der Innenstadt, dass sie einst auf dem Reißbrett geplant wurde. Doch tut das ihren Reizen keinerlei Abbruch.

Die taz hat einmal geschrieben, hier gebe es auf jeden Meter ein Dutzend Fotomotive. So kommt es, dass das „Holländerstädtchen" heute vor allem vom Tourismus lebt. Auf Grachtenfahrten oder bei Stadtrundgängen unter Leitung von Guides, die mit holländischen Trachten bekleidet sind, fühlt man sich unversehens ins Nachbarland versetzt. Deshalb pflegt Friedrichstadt auch seinen Beinamen „Klein-Amsterdam".

Doch das besondere Merkmal von Friedrichstadt ist die seit den Gründertagen gepflegte Toleranz. Noch heute leben hier Remonstranten und Mennoniten, außerdem Katholiken, denn auch ihnen gewährte Friedrich seinerzeit Religionsfreiheit. Mit der gleichen Großzügigkeit begegnete er den Juden. Er versuchte sogar, spanische Juden zur Übersiedlung nach Friedrichstadt zu bewegen, was aber am Widerstand des spanischen Königs scheiterte. Trotzdem entstand hier im Laufe der Jahrhunderte eine stattliche jüdische Gemeinde. Sie wurde von den Nationalsozialisten zerstört, heute erinnern nur noch zwei Friedhöfe, die alte Synagoge und 25 Stolpersteine an die jüdischen Bürger von Friedrichstadt. Auch die Friedrichstädter Zeugen Jehovas haben die Zeit der Nationalsozialisten nicht überlebt. Außerdem gab es Quäker, Mormonen und einige andere religiöse Gruppen, deren Spuren sich im Laufe der Jahrhunderte verloren haben. Die stärkste Religionsgemeinschaft von Friedrichstadt bilden heute die Lutheraner.

Die Toleranz gegenüber Andersgläubigen bleibt ein brandaktuelles Thema.

Futjes – Schmalzgebäck aus Friedrichstadt

Zutaten:

500 g Mehl
500 ml Milch
150 g Weizengrieß
150 g Butter (warm)
6 Eier
100 g Rosinen
1 Zitrone
50 g Zucker
1 Würfel Hefe
Salz, Zucker, gemahlener Zim, reichlich Pflanzenfett für die Fritteuse

Zubereitung:

Die Rosinen in lauwarmem Wasser einweichen. 100 ml Milch handwarm erhitzen und die Hefe sowie den Zucker darein einrühren. Die restliche Milch zusammen mit dem Grieß aufkochen und 5 Minuten lang unter ständigem Rühren köcheln lassen. Dann vom Herd nehmen, 1 Prise Salz und die in Stücke geschnittene Butter unterrühren und 20 Minuten lang quellen und abkühlen lassen.

Anschließend die Zitrone auspressen und den Saft zusammen mit den Eiern und der Hefe-Zucker-Milch-Mischung unter die Grießmasse ziehen. Nun nach und nach das Mehl einrühren und das Ganze kräftig aufschlagen. Zum Schluss die gut abgetropften Rosinen unterheben und den Teig an einem warmen Ort 30 Minuten lang abgedeckt gehen lassen. Danach noch einmal kräftig aufschlagen.

In einer Fritteuse das Pflanzenfett erhitzen. Anschließend mit 2 Esslöffeln jeweils Bällchen vom Teig abnehmen und in das siedende Fett gleiten lassen. Etwa drei bis vier Minuten lang backen, bis sie goldbraun sind, dann auf Küchenkrepp legen und entfetten. Sofort danach in einer Mischung aus Zucker und Zimt wälzen.

Am besten schmecken sie, wenn sie noch warm sind.

Futjes sind ein traditionelles Schmalzgebäck aus Friedrichstadt, das dort besonders zu Silvester gerne gegessen wird. Der Name ist ein Erbe der holländischen Stadtgründer.

Auch in anderen Regionen von Schleswig-Holstein und Niedersachsen kennt man derartiges Gebäck, dort heißt es aber Förtchen, Pförtchen oder auch Pfütte. Es gibt dafür eine spezielle Förtchenpfanne mit kugelförmigen Einbuchtungen. Die konnte man früher direkt ins offene Herdfeuer stellen, um die Förtchen darin zu backen.

Die Ambivalenz der Farben – Emil Nolde

Hans Emil Hansen war ein besonderes Kind. Wie seine vier Geschwister musste auch er hart auf dem elterlichen Hof arbeiten. Während jener Zeit, in den Siebzigerjahren des 19. Jahrhunderts, wurden alle Hände gebraucht, um den Lebensunterhalt hier auf den Feldern im deutsch-dänischen Grenzgebiet zu erwirtschaften. Hans Emil war fleißig und tat bereitwillig sein Teil dazu. Doch wann immer er die Gelegenheit fand, nahm er ein Stück Holz und schnitzte mit seinem kleinen Messer allerhand Figuren daraus. Das machte er so kunstfertig und mit so viel Geschick, dass die Eltern ihn auf die Möbelschnitzerschule von Flensburg schickten, als die Zeit kam, dass der Junge eine Berufsausbildung erhalten sollte.

Er erwies sich als gelehriger Schüler und fand bald Arbeit in verschiedenen Möbelmanufakturen, die seine Fähigkeiten zu schätzen wussten. Seine Anstellungen führten ihn quer durch Deutschland. Doch schließlich fand er in der Schweiz zu seiner wahren Passion: der Malerei. Die farbenprächtigen Aquarelle, mit denen er seine Eindrücke von den Bergen festhielt, erregten so viel Aufsehen, dass er sie als Postkarten reproduzieren ließ. Besonders seine ausdrucksstarken Darstellungen der Alpengipfel als gigantische Sagengestalten hatten enormen Erfolg. Die Erlöse aus deren Verkauf erlaubten ihm ein bescheidenes Auskommen, sodass er seine Anstellung aufgeben und sich fortan als freier Maler verdingen konnte. Dabei setzte er auch seine künstlerische Ausbildung fort und perfektioniere sein malerisches Können.

Zu Anfang des neuen Jahrhunderts reiste Hansen an die Nordküste von Jütland. Das gleißende Licht, das endlose Meer und die Stimmungen am einsamen Strand inspirierten ihn zu fantastischen Zeichnungen. Seine Heimat lag hier, an den Gestaden der Nordsee, und hier fand er auch seine große Liebe in Gestalt der dänischen Schauspielerin Ada. Die beiden heirateten, und um die Verbundenheit zu seinen nordischen Wurzeln auch nach außen hin zu demonstrieren, nahm er den Namen seines schleswigschen Heimatdorfs Nolde an. Den Vornamen Hans legte er ab. Aus Hans Emil Hansen wurde Emil Nolde.

Er lebte von nun an seine Passion, berauscht von der Kraft der Farben, die seine Bilder mehr und mehr beherrschten. Als Künstler pendelte er zwischen Berlin, Jütland, Hamburg und Italien. Eine große Reise führte Nolde und seine Frau auch durch Russland, über Moskau und Sibirien ging es dann weiter nach Korea, China, Japan und schließlich bis in die Südsee. Als sie zurück nach Deutschland kamen, war der Erste Weltkrieg ausgebrochen.

Das Paar zog sich in Noldes Heimat nahe dem dänischen Tondern zurück. Als nach Kriegsende der Grenzverlauf neu definiert wurde, fiel der Heimatort an Dänemark. Nolde, obwohl er sich stets als Deutscher fühlte, nahm ohne Zögern die dänische Staatsbürgerschaft an. Dennoch zog er sich hinter die deutsche Grenze zurück.

Hier hatten Ada und er nur wenige Kilometer von der Nordseeküste entfernt eine Warft entdeckt, die sie zu ihrer neuen Heimat auserkoren. Sie erwarben das Land und nannten es „Seebüll“. Auf der Warft errichteten sie entsprechend der angesagten Mode der Zwanzigerjahre ein kubisches Wohnhaus im Bauhausstil. Dessen Interieur gestalteten sie korrespondierend mit den kräftigen Farben der Blumen, die sie in ihrem neu angelegten Garten pflanzten.

Dieser Garten sollte ein eigenständiges Kunstwerk werden, eine blühende Pracht in organischen Formen, zwischen denen sich Wege wie schwungvolle Traumpfade ziehen, symbolträchtig in Form der Initialen „E" und „A" durch die bunt leuchtenden Rabatte hindurch. Diesen lebendigen Bauerngarten verstand Nolde als Gegenentwurf zu den starr genormten, industriellen Kunstformen jener Zeit. Ein reetgedecktes Gartenhaus und ein Atelierhaus mit Bildersaal rundeten die Anlage ab. Die unruhigen Zeiten veranlassten das Paar dazu, auch einen Erdschutzbunker anzulegen, der viele Jahre später zu ihrer beider Gruft werden sollte.

Denn Deutschland war in den Dreißigerjahren wieder in Bewegung geraten. Überall sprossen nationalistische Gruppen aus dem ideologisch brachliegenden Boden. Das Deutsche galt ihnen als das einzig Wahre, und dieser Ansicht schloss sich Nolde mit Begeisterung an. Die deutsche Kunst, so meinte er, sei allen anderen Kunstrichtungen weit überlegen, und er machte sich dafür stark, insbesondere die französische Kunst mit ihren erfolgreichen Stilrichtungen wie Impressionismus, Surrealismus und Kubismus nicht mehr in Deutschland zu verkaufen. Die Zukunft der Kunst sah er in seinem eigenen expressionistischen Stil, den er als richtungsweisende Avantgarde empfand.

Dumm für Nolde, dass die von ihm verehrten Nationalsozialisten diese Meinung nicht zu teilen wussten. Es half ihm nicht, dass er selbst Mitglied der NSDAP geworden war, und auch nicht, dass Joseph Goebbels und Albert Speer seine Arbeiten zunächst noch lobten. Denn immer mehr Nazis rümpften die Nase vor seinen farbenfrohen Kleckserеien und entdeckten darin schon bald den Prototypen dessen, was sie als „entartete Kunst“ bezeichneten. Nolde schrieb an Goebbels und jammerte, er sei doch fast der einzige deutsche Künstler, der sich dem offenen Kampf gegen die Überfremdung der deutschen Kunst stelle! Und auch als Antisemit hatte sich Nolde schon hervorgetan. Die Juden seien andere Menschen als die Deutschen, so hatte er schon 1934 postuliert.

Seine krude Gesinnung und seine Verehrung für die Nazis konnten nicht verhindern, dass mehr als tausend seiner Werke beschlagnahmt, verkauft und teilweise auch vernichtet wurden. Einige Gemälde von Nolde fanden sich viele Jahrzehnte später im Schwabinger Kunstschatz des Cornelius Gurlitt.

Es wurde Nolde verboten, seine Werke auszustellen, und 1941 untersagte man ihm die Malerei schließlich zur Gänze. Dem ehemals treuen Anhänger der Nationalsozialisten unterstellte man „mangelnde Zuverlässigkeit“, und selbst Nolde, der anfangs noch an ein aberwitziges Missverständnis geglaubt hatte, begann allmählich zu dämmern, dass mit den Nazis etwas faul war. Er zog sich in sein Atelier zurück und arbeitete in dessen Heimlichkeit an seinen „Ungemalten Bildern“.

So mutierte er vom überzeugten Nationalsozialisten zum Vorbild für die Gestalt des Malers Max Ludwig Nansen im Roman „Deutschstunde“ von Siegfried Lenz. Mit zahlreichen Auszeichnungen wurde er geehrt, nachdem der Krieg zu Ende gegangen war. Man kann also wohl sagen, dass Emil Nolde einfach Dusel gehabt hat. Hätten die Nazis Gefallen an seinen expressionistischen Malereien gefunden, so wäre er schlicht als Nazikünstler in die Geschichte eingegangen.

Deshalb bleibt ein Gefühl der Ambivalenz, wenn man heute die farbenprächtigen Bilder des Emil Nolde betrachtet. Der Maler starb 1956 in Seebüll und wurde neben Ada im ehemaligen Schutzbunker bestattet, dessen Stirnwand Noldes Werk „Madonna mit Kind“ schmückt. Noldes Bilder, von denen viele im Nolde-Museum von Seebüll gezeigt werden, stellen Motive aus der Natur dar, großflächige, farbintensive Blumen, Szenen aus der norddeutschen Landschaft, über die sich grandiose Himmel spannen, Menschen, deren Gesichtszüge ins Groteske abgleiten, fantastische Wellen und bedrohlich wogende Meere, tanzende Lebensfreude oder finstere Bedrohung und immer wieder die leuchtende Strahlkraft der Natur. Sein Seebüller Garten ist im Originalzustand erhalten und wird sorgfältig gehegt. Er wirkt, als sei der Maler nur gerade eben um die Ecke gegangen.

Fast möchte man hinterhereilen. Und dann dem Meister vielleicht auch ein paar unliebsame Fragen stellen.

Nordfriesische Hochzeitssuppe

Zutaten für 4 Personen:

200 g Graupen
150 g Korinthen
1 l milder Rotwein
1 unbehandelte Zitrone
8 Scheiben gekochter Schinken
4 Scheiben Weißbrot
4 cl Jamaika-Rum
1 Stange Zimt,
2 El brauner Zucker,
Butter, Senf
Salz

Zubereitung:

Die Graupen über Nacht in ½ l Wasser einweichen. Vor der Zubereitung auch die Korinthen mindestens 15 Minuten lang in warmem Wasser einweichen.

Die Zitrone waschen und die Schale hauchdünn abreiben. Die Graupen mit dem Einweichwasser, der Zitronenschale und der Zimtstange aufkochen, eventuell etwas Wasser hinzugeben. Bei schwacher Hitze ca. 40 Minuten köcheln lassen, dabei immer wieder umrühren. Wenn die Graupen weich sind, die Korinthen, 1 Prise Salz, den Zucker, Rotwein und Rum hinzugeben. Aufkochen und fünf Minuten lang unter Rühren weiterköcheln lassen.

Mit dem Weißbrot, dem Schinken, Butter und Senf servieren.

Die Crème von Deutschland trifft sich im Norden – ein Besuch auf Sylt

Was mag das Geheimnis von Sylt sein, dass es die Reichen und die Schönen anzieht wie ein Magnet und wie kaum ein anderer Ort in ganz Deutschland? Jeder kennt Geschichten wie die von der Promi-Kaschemme Sansibar in den Dünen von Rantum am Südende von Sylt, wo hinter der Fassade scheinbarer Bescheidenheit 30.000 Flaschen edelster Weine im Wert von mehreren Millionen Euro lagern und sich Deutschlands Prominenz von Til Schweiger bis Günter Netzer die Klinke in die Hand gibt. Doch fährt man ins nur wenig weiter nördlich gelegene Westerland, so erstickt alle Schönheit zwischen den grauen Zweckbauten der Inselmetropole, mit denen zur Zeit des Reisebooms der Sechziger- und Siebzigerjahre das vormals elegante Seebad der Belle Époque verschandelt wurde.

Denn schon vor mehr als 150 Jahren war das Kuren auf Sylt modern und zog die gehobenen Bevölkerungsschichten Deutschlands auf die Insel. Vornehme Hotels und ein exquisites Unterhaltungsprogramm sorgten dafür, dass die Elite hier unter sich blieb. Nur abseits der schicken Kurorte richtete man nach dem Ersten Weltkrieg ein paar Landschulheime für Großstadtkinder ein. Geschützt vor deren Blicken entstand hinter den Dünen der vornehmen Badeorte derweil eine ganz besondere Bewegung: die Freikörperkultur. Es war nämlich ein Sylter Arzt, der schon Mitte des 19. Jahrhunderts dazu riet, beim Baden unter allen Umständen auf die Kleidung zu verzichten, da diese die heilende und belebende Wirkung des Wellenschlags beeinträchtige. So kam es schließlich zur Einrichtung der ersten Nacktbadestrände auf Sylt, wobei Männer und Frauen selbstverständlich streng voneinander getrennte Strandabschnitte besuchten.

Doch als Sylt im Zweiten Weltkrieg zum militärischen Sperrgebiet wurde, war es mit alldem vorbei. In der Nachkriegszeit setzte man dann zunächst auf den Massentourismus. Die alten Friesenhäuser von Westerland mussten klobigen Apartmentanlagen aus Beton weichen. Die sexuelle Revolution brachte der FKK-Kultur neuen Auftrieb und machte Sylt zum Eldorado der Nacktbadenden. Ihr berühmtestes Refugium wurde Buhne 16 in Kampen, ein gefundenes Fressen für die Boulevardpresse, die damit kräftig zu Ruhm und Boom der Insel beitrug.

Die kleineren Inselorte wie Kampen blieben vom Bauwahn glücklicherweise verschont und konnten sich ihren Charme erhalten. Deshalb ist Sylt nach dem fast zehnmal größeren Rügen heute Deutschlands beliebteste Ferieninsel, allein an seiner Westküste warten mehr als 12.000 Strandkörbe auf die Sommerfrischler. Und weil Angebot und Nachfrage den Preis bestimmen, ist Sylt auch eines der teuersten Urlaubsresorts des Landes. Die Grundstückspreise sprengen alle Vorstellungskraft, und wer es sich leisten kann, der speist hier in den feinsten Schlemmerlokalen und genießt puren Luxus. Die hiesige Dichte an anspruchsvollen Restaurants sucht deutschlandweit ihresgleichen. Für viele Einheimische hat das hohe Preisniveau durchaus seine negativen Seiten, andererseits lebt man hier aber ganz prima vom Tourismus. Außerdem pendeln viele Nordfriesen täglich vom strukturschwachen Festland mit dem Zug über den Damm zur Arbeit auf die Insel.

Nichts als Rummel, Snobs und Nackedeis auf Sylt? Weit gefehlt. Die rund 40 Kilometer lange Insel ist voller stiller Plätze mit beeindruckender Schönheit der Natur. Das zieht nicht nur den Geldadel an, auch Künstler und Intellektuelle wissen Sylt zu sehr schätzen. Deshalb hat die Insel ein pulsierendes kulturelles Leben, überall gibt es Galerien und Ausstellungen, Lesungen und Künstlertreffen. Schon Theodor Storm, Thomas Mann, Peter Suhrkamp oder auch Emil Nolde zog es nach Sylt.

Die Mystik der Landschaft hat die Menschen schon von alters her fasziniert. Davon zeugen beachtliche 47 Megalithanlagen aus der Steinzeit und etliche bronzezeitliche Grabhügel.

Schon vor rund 2.000 Jahren gab es drei mächtige Burganlagen auf Sylt, die der Altertumsforschung bis heute Rätsel aufgeben. Am besten erhalten ist die Tinnumburg, ein Ringwall von 120 Metern Durchmesser. Die Funktion der Anlage ist völlig ungeklärt, mag sein, dass sie den Germanen als Kultstätte diente. Irgendwann wurde sie verlassen, auch die Gründe hierfür sind unbekannt. Doch 800 Jahre später kamen neue Siedler und bauten ihre Häuser innerhalb der Umfriedung. Für weitere 200 Jahre pulsierte das Leben in der Tinnumburg, dann wurde sie wieder aufgegeben. Ein rätselhafter Ort, voller Geheimnisse, dessen Mysterien man heute noch erahnen mag, wenn der Wind mit den Gräsern auf den einsamen Rundwällen spielt.

Vielleicht versuchen die Menschen, gemeinschaftlich der Vergangenheit auf den Grund zu gehen, wenn sie alljährlich in der Nacht zum 21. Februar beim Biikebrennen in der Tinnumburg zusammenkommen. Dabei werden bei Bratwurst und Punsch die übers Jahr angesammelten Reisighaufen verbrannt – eine auf ganz Sylt verbreitete Tradition. Böse Zungen behaupten, die gigantischen Feuer seien einst entzündet worden, um im Winternebel herumirrende Schiffe anzulocken und auszuplündern. Oder diente der alte Brauch lediglich dazu, die Wintergeister auszutreiben?

Womöglich hat es aber den Menschen einfach bloß seit jeher Freude gemacht, sich zum Grillfest zu treffen. Das Biikebrennen ist den Syltern jedenfalls heilig, der Tag danach ist hier allgemeiner Feiertag. Die Brauchtumsverbundenheit der Insulaner zeigt sich auch beim Jöölboom, einem mit Salzteigfiguren geschmückten Weihnachtsbaumersatz, und beim Rummelpottlaufen, einem Mummenschanz in der Silvesternacht. Diese Maskerade ersetzt das Silvesterfeuerwerk, denn wegen der vielen reetgedeckten Häuser und der damit verbundenen Brandgefahr ist das Abschießen von Feuerwerkskörpern auf Sylt streng verboten.

Das Feuerwerk kann man verbieten und so die damit verbundenen Gefahren eindämmen. Doch die Nordsee lässt sich ihr stürmisches Tosen nicht untersagen. Sie hat die Landschaft geformt und Sylt mit der Gewalt ihrer Flut vor wenigen Jahrhunderten überhaupt erst vom Festland abgetrennt und zur Insel gemacht.

Zum Leben auf Sylt gehört deshalb auch die Koexistenz mit der allgegenwärtigen Erosion. Um dem Landverlust entgegenzuwirken, trieb man schon seit fast 200 Jahren schützende Buhnen rechtwinklig zum Strand in die See hinein, zunächst aus Holz, später aus Metall und schließlich aus Stahlbeton.

Seit den Siebzigerjahren des letzten Jahrhunderts betreibt man durch Sandaufspülen mithilfe von Baggerschiffen zusätzlich eine äußerst aufwendige Maßnahme zum Erhalt der Westküste von Sylt. Weit vor der Küste wird dazu Sand vom Meeresboden aufgenommen, nach Sylt verfrachtet und über Rohre an den Strand gepumpt. Das kostet zwar Unsummen, doch scheint das Kosten-Nutzenverhältnis im Hinblick auf die

Wirtschaftskraft der Urlaubsinsel durchaus noch zu stimmen. Die globale Erwärmung verbunden mit dem Anstieg des Meeresspiegels und zunehmenden Stürmen macht allerdings auch Sylt immer mehr zu schaffen.

Das Sandaufspülen ist jedenfalls noch immer deutlich wirkungsvoller, als es die alten Buhnen gewesen sind. Man hat deshalb damit begonnen, diese wieder abzutragen. Dem ist inzwischen auch die legendäre Buhne 16 bei Kampen zum Opfer gefallen. Zwar gibt es den FKK-Strand auch heute noch, doch haben sich die Grenzen zwischen Nackt- und Textilstrand mittlerweile verwischt. Nackte Sonnenanbeter gelten heute weder als anrüchig noch als skandalös. Die Boulevardpresse hat sich deshalb längst anderen Themen zugewandt, und die Paparazzi umlauern lieber die Sylter Szenelokale. Vielleicht lässt sich ja jemand beim Promi-Wirt Herbert Seckler in dem einst von Playboy-Legende Gunter Sachs entdeckten Holzschuppen namens Sansibar blicken. Thomas Gottschalk oder Veronica Ferres, Wolfgang Joop oder Udo Lindenberg, wer weiß?

Kabeljau mit Kartoffelsalat nach Sylter Art

Zutaten für 4 Personen:

600 g Kabeljaufilet
800 g festkochende Kartoffeln
150 ml Speiseöl
100 g Joghurt
4 Gewürzgurken mit Sud
3 Schalotten
4 Eier
1 El Zucker
2 El Senf
2 El Essig
5 Zweige Dill
100 g Mehl
100 g Paniermehl
1 unbehandelte Zitrone
Pfeffer, Salz
Butterschmalz zum Braten

Zubereitung:

Die Kartoffeln mitsamt der Schale in Salzwasser garen, anschließend pellen, abkühlen lassen, halbieren und in dünne Scheiben schneiden. Ein Ei in ein hohes Rührgefäß aufschlagen und mit dem Schneebesen verquirlen. Währenddessen zunächst den Senf und anschließend nach und nach das Öl unterrühren, bis eine Mayonnaise entstanden ist. Mit dem Essig, 3 EL Gurkensud, dem Zucker sowie Salz und Pfeffer würzen und anschließend den Joghurt unterheben. Die Dillspitzen von den Zweigen zupfen und die Hälfte davon unter die Mayonnaise rühren. Die Schalotten schälen, sehr fein hacken und ebenfalls unterrühren. Zum Schluss die Gurken würfeln und zusammen mit den Kartoffeln mit der Mayonnaise vermischen. Abdecken und im Kühlschrank 1 Stunde lang durchziehen lassen. ½ Stunde vor dem Servieren herausnehmen und Zimmertemperatur annehmen lassen.

Die Zitrone waschen, die Schale hauchdünn abraspeln und dann die Zitrone auspressen. Drei flache Schüsselchen bereitstellen, in eine das Mehl füllen, in eine die restlichen

Eier, in eine das Paniermehl. Die Eier miteinander verquirlen und den restlichen Dill sowie die Zitronenschale unterrühren.

Die Fischfilets putzen, eventuelle Gräten entfernen und den Fisch in 8 gleich große Stücke schneiden. Mit dem Zitronensaft beträufeln und mit Salz und Pfeffer würzen, dann zuerst im Mehl, danach im Ei und zum Schluss im Paniermehl wälzen.

In einer Pfanne eine ausreichende Menge Butterschmalz erhitzen und die Fischfilets von jeder Seite etwa 3 Minuten lang goldbraun backen.

Den Kartoffelsalat noch einmal vorsichtig umrühren und mit dem heißen Kabeljau servieren.

Teufelsanbeter und Monsterfratzen – Sturm über Wacken

Das Hinterland der Waterkant ist platt und grün. Im Sommer ist das Leben gemächlich und idyllisch, auf den Wiesen grasen die Kühe, auf den Feldern wiegen sich die Halme des Weizens in einer leichten Brise. Die Zeit der Nordseestürme wird erst im Herbst wieder anbrechen.

Doch es gibt hier oben ein verschlafenes Dorf, über das der Sturm alljährlich bereits am ersten Augustwochenende hereinbricht: Wacken. Denn dann verwandelt sich das 1.800-Seelen-Nest schlagartig in einen brodelnden Hexenkessel. Bis zu 85.000 Menschen, ein Drittel davon aus Deutschland, die restlichen aus aller Welt, fallen über den beschaulichen Weiler herein, und schlimmer noch: Sie tragen schwarze Kluft, Lederhosen und Nietengürtel, schwere Ketten, Shirts mit grässlichen Totenschädeln und Monsterfratzen, speckige Lederhüte, lange Haare, Tattoos und Piercings, und hoch über allem thront ihr Symbol, ein gigantischer Stierschädel. Sind sie Ausgeburten der Hölle? Was passiert hier?

Meine ostfriesische Freundin Doortje ist uns ja schon beim kultivierten Teegenuss begegnet. Sie ist eine gestandene Frau und arbeitet im gehobenen Hotelsektor. Doortje versteht sich perfekt darauf, mit anspruchsvollen Gästen umzugehen und gepflegte Konversation zu betreiben, sie hat vornehme Umgangsformen und ein dementsprechend angenehmes

Äußeres. Ihr Mann ist Maître de Cuisine in einer niveauvollen Gourmetküche.

Doch einmal im Jahr legen die beiden ein Wochenende lang alle Contenance ad acta. Es ist die Zeit des „Wacken Open Air", kurz „W:O:A". Doortje und ihr Mann sind Heavy-Metal-Fans, sie holen die Lederklamotten heraus und auf geht's nach Wacken!

Schon die Hinfahrt ist ein Erlebnis, erzählt Doortje. Das Auto bebt unter dem Dröhnen der Metal-Musik, die zur Einstimmung mit voller Lautstärke aus den Lautsprechern schallt. Hinter Hamburg beginnt dann der obligatorische Stau – alle Welt scheint unterwegs nach Wacken zu sein. Die Stimmung steigt. Von Auto zu Auto wird sich zugeprostet, die Kakophonie der Klänge erreicht eine Klimax.

Das Ziel kann der Ortsunkundige nur an den Metal-Fans erkennen, die schon vor ihm eingetroffen sind. Die Ortschaft Wacken hat nämlich kein Ortseingangsschild, denn seit es immer wieder geklaut wurde, montiert man es für die Festivaltage kurzerhand ab. Als kleine Entschädigung verkauft der Supermarkt schwarze Stoffbeutel mit einem Nachdruck des Ortsschilds und der Aufschrift „Dieses Schild darfst du behalten."

Das Festival von Wacken ist für die Metal-Szene einer der Höhepunkte des Jahres. Aus ganz normalen Bürgern werden durchgeknallte Metal-Rocker. In bizarrer Endzeitaufmachung nehmen sie die kleine Ortschaft Wacken in Beschlag. Hier in der schleswig-holsteinischen Provinz zwischen Itzehoe und Nord-Ostsee-Kanal sagen sich sonst Fuchs und Hase Gute Nacht. Die Einheimischen sind ein bisschen knorrig, betulich und wortkarg, und man könnte meinen, dass sie vom schieren Entsetzen gepackt werden, wenn die Metal-Horden über ihr Dorf einfallen.

Doch vielleicht haben sie sich im Laufe der Jahre daran gewöhnt. Schon in den Achtzigerjahren kamen alljährlich bis zu 3.000 Motorradfahrer in eine Kiesgrube nahe dem Ort, um dort ein Treffen zu veranstalten. Da hatten zwei Jungs aus Wacken, einer E-Gitarrist, der andere Heavy-Metal-DJ, bei ein paar Bierchen 1989 die zündende Idee: Warum sollten sie nicht mal ein Rock-Festival in dieser Location veranstalten? Ein etwas anderes Woodstock, mit der Gelegenheit zum Zelten und mit der Musik, die ihnen gefiel.

In den ersten Jahren entwickelte sich das neue Festival zunächst noch so verzopft wie die Landschaft, in der es stattfand. Die Organisation wurde in Heimarbeit erledigt, eine Kleinigkeit bei gerade mal um die 1.000 Besuchern. Doch als immer mehr international bekannte Gruppen nach Wacken kamen, Sponsoren auf den Plan traten und eine professionelle Bühne mit Lichtanlage zum Einsatz kam, explodierte die Entwicklung. Heute sind die Karten für das W:O:A bereits Monate vor Beginn des Festivals ausverkauft. Neben modernen und angesagten Metal-Bands treten inzwischen auch etwas biederere, klassische Hard-Rock-Gruppen wie die Scorpions in Wacken auf. Seit 2009 gibt es sogar ein „Wackinger Dorf“ im Stil des Mittelalters. Hier werden lustige Spiele veranstaltet, es gibt Met, selbstgebackenes Brot und eine Bühne für mittelalterliche Folk-Metal-Bands, die den Beweis antreten wollen, dass Heavy Metal keine Erfindung der Neuzeit ist.

Die frisch eingetroffenen Besucher sichern sich erst einmal ihren Zeltplatz und checken die neuen Kurzzeitnachbarn ab. Hier herrscht Solidarität, braucht jemand etwas, springen die anderen bereitwillig ein. Dann gibt's die „Full Metal Bag“, die vom Veranstalter verteilt wird. Was sie enthält, ist sozusagen erste Hilfe für die Festivalteilnehmer: Ohrstöpsel, Kondom und Mülltüte, dazu noch kleine Devotionalien wie Kugelschreiber oder Schlüsselanhänger. Besonders die Ohrstöpsel sind unverzichtbar, denn die Lautstärke wird in den kommenden Tagen ungeahnte Höhenflüge antreten. Kopfschüttelnd erzählt Doortje von den Wackener Bürgern, die an einem Tag freien Eintritt haben und das Festival mitsamt ihren Kleinkindern besuchen.

Natürlich tut auch der unstete norddeutsche Sommer sein Teil zum Festival von Wacken dazu. Ohne Regen ist das W:O:A nur halb so schön, denn die Schlammschlachten sind legendär. Dann verwandeln sich die schwarzen Ledergesellen in triefende Matschmonster, grölend und lachend wälzen sie sich im Dreck. Und der Wald, der als Massenkloake herhalten muss, wird mal ordentlich durchgespült.

Nicht minder bizarr sind die Spiele, die sich manche Festivalteilnehmer ausdenken, zum Beispiel die „Krautbahn". Auf einer Rutschmatte werden dosenweise Rotkohl und Sauerkraut ausgeleert, und dann heißt es, Schwung holen und bäuchlings darüberrutschen. Das ist nicht nur matschig, sondern vor allem auch ein Dufterlebnis der besonderen Art, vor allem an den wärmeren Sonnentagen.

Die Festivalhymne heißt „We are the Metalheads" und stammt von Doro Pesch, der „Queen of Metal". „Faster, Harder, Louder" und „Louder Than Hell" sind Schlagworte, die zum Motto des Festivals geworden sind. Und die Aktiven tun alles dafür, diesem Vorsatz gerecht zu werden. Dann steht ein über und über tätowiertes Muskelpaket auf der Bühne, schüttelt brachial seine wilde, lange Mähne, verzerrt das Gesicht zu einer fürchterlichen Fratze und brüllt nach Leibeskräften ins Mikrofon: „Are you ready to kill each other?" Und Zehntausende kreischen wie besessen zurück: „Yeah!"

Der alte Bauer Trede ist so etwas wie der Übervater des Festivals. Auf seinem Acker steht die Hauptbühne. Das norddeutsche Urgestein trägt es mit Fassung. Als kettenrauchender Milchbauer wurde er 2006 durch den preisgekrönten Dokumentarfilm „Full Metal Village“ der Koreanerin Cho Sunghyung zur Kultfigur des Festivals.

Es ist ein exotisches Aufeinanderprallen der Kulturen, hier die biederen Dörfler, da die grimmigen Gruselrocker mit ihren Teufelsanbeterposen. Doch in Wacken regt man sich schon lange nicht mehr darüber auf. Wem der Spuk nicht passt, der verzieht sich einfach für ein paar Tage. Die übrigen Wackener fokussieren sich auf die positiven Seiten.

Denn das W:O:A verheißt nicht nur Lärm und Chaos, es verspricht auch gute Geschäfte. Die Region ist strukturschwach, von der einfachen Landwirtschaft allein lässt sich heutzutage nicht mehr gut leben. Und so sieht jeder zu, dass er seinen Anteil am Metal-Kuchen hat. Statistisch beträgt der nämlich pro Bürger rund 4.400 Euro. Der Supermarkt war schon vor Jahren nicht mehr rentabel und wurde geschlossen. Doch für die Festivaltage macht er wieder auf, dann werden Grillfleisch, Kohle, Anzünder, Feuerzeuge, Toastbrot, Senf, Ketchup, Bier, Whisky und Toilettenpapier in rauen Mengen verkauft. Wackener Kids karren die Einkäufe mit Kettcar oder Fahrrad und Anhänger zum Festivalgelände – natürlich gegen Entgelt. Vor dem Bestattungsinstitut gibt's einen Stand mit Lederklamotten, und in ihren Vorgärten bauen die Wackener Stände auf. Da kann man dann auch mal einen Kaffee mit den Einheimischen trinken. Die Oma sitzt auf ihrem Lieblingssessel im Garten und schaut dem sonderbaren Treiben zu. Kommt ein Metal-Freak vorbei, guckt Oma an, hebt die Faust mit abgespreiztem kleinen und Zeigefinger zur „Pommesgabel“ und brüllt: „Wackkköööön!!!“ Oma denkt kurz nach, macht dann ihrerseits die Pommesgabel und brüllt noch lauter: „Wackkkeeeen!“

Und so wild sich die grölenden Freaks auch geben, hinter ihrer grässlichen Fassade sind sie ganz normale Leute, friedlich, nett und lustig. Bevor die Frühstücksrippchen auf dem Zeltplatz gegrillt werden, gibt es selbstverständlich erst einmal eine Kanne Ostfriesentee, erzählt Doortje grinsend.

Probleme gibt es selten. Nur einmal, da wurde ihr Grillrost geklaut. Grillroste sind nämlich Mangelware in Wacken. Da blieb nur die Alternative, selbst einen Rost zu klauen. Ein Dominoeffekt, an jenem Tag verbreitete sich der Rostklau aus der Not heraus über den ganzen Zeltplatz.

Das Festival von Wacken ist eindeutig von Männern dominiert. Die bessere Hälfte bleibt meist zu Hause, verständlich, meint Doortje, wenn es solche Frauen sind wie die Zeltnachbarin, die sie vor ein paar Jahren hatte. Die bestand am Morgen auf richtigem Frühstück mit Müsli, Saft, Obst und allem Drum und Dran. Als sie ihren Macker dann noch dazu aufforderte, sich frische Socken anzuziehen, da hat sich Doortje mit Schaudern abgewendet.

Doch wo Männer unter sich sind, da entwickeln sie mitunter archaisches Gehabe. Doortje berichtet von Spielen wie „Zielpinkeln" oder ungeniertem Pinkeln gegen den Wall, der als Windschutz die Nordseite der Felder begrenzt. Dass auf der anderen Seite des niedrigen Walls der Weg verläuft, der zu den Bühnen führt, und es keinerlei Sichtschutz gibt, stört sie dabei offensichtlich nicht. Und dann erzählt Doortje noch von dem tätowierten Typen im Mini-Schottenrock, der einem alten Volksglauben folgend nichts darunter trug. Unglücklicherweise hatte sich meine Freundin gerade zum Ausruhen auf den Boden gesetzt, als er neben ihr auftauchte…

Ein paar Tage lang lassen alle die Sau raus und feiern, was das Zeug hält. Anschließend verschwinden sie wieder im Alltag ganz normaler Bürgerlichkeit. Doortje tauscht Lederkutte, Totenkopf-Camouflage-Hose und Iron-First-Creepers gegen ein elegantes blaues Designer-Kostüm und passende Pumps. Und ihr Mann drapiert Kalbsbäckchen an getrüffeltem Selleriepüree und sautierten Keniabohnen mit Cranberryjus. Bis zum ersten Wochenende im nächsten August.

Versäumen Sie nicht die irrwitzigen Fotos aus Wacken auf www.almutirmscher.de!

Gegrillte Rippchen mit Apfelsenf

Zutaten für 4 Personen:

2 kg Schweinerippchen in Stücken
2 Zwiebeln
100 g Butter
4 Knoblauchzehen
100 ml Apfelessig
200 ml Apfelsaft
200 g brauner Zucker
1 Zitrone
4 cl Rum
Salz, Pfeffer, Speiseöl

Für den Apfelsenf:
4 säuerliche Äpfel
100 g scharfer Senf
60 g Butter
200 ml Bier
1 Zitrone
1 Zwiebel
100 g brauner Zucker
4 cl Rum
20 g rosa Pfeffer
Salz, Pfeffer

Zubereitung:

Für den Apfelsenf am Vortag den rosa Pfeffer leicht zerstoßen, sodass die Körner noch erkennbar sind. Die Äpfel schälen, entkernen, vierteln und in dünne Stücke schneiden. Die Zitrone auspressen und die Apfelstücke damit beträufeln. Die Zwiebel schälen und fein würfeln.

Die Butter in einem Topf erhitzen und die Zwiebeln darin glasig andünsten, dann die Apfelstücke hinzugeben und kurz mit andünsten. Mit dem Bier ablöschen, den Zucker hinzugeben, aufkochen und anschließend bei milder Hitze 10 Minuten lang köcheln lassen. Dabei immer wieder mal umrühren. Dann mit Salz und Pfeffer würzen, den Senf unterrühren, vom Herd nehmen und den Rum sowie den Rosa Pfeffer einrühren. In ein Glas mit Schraubdeckel füllen und über Nacht im Kühlschrank aufbewahren.

Ebenfalls am Vortag die Rippchen in einem großen Topf mit gut gesalzenem Wasser bedecken und aufkochen. Die Hitze reduzieren und die Rippchen 1 Stunde lang köcheln lassen. Die Zwiebeln und Knoblauchzehen schälen und fein hacken. In einem Topf die Butter auslassen und beides darin glasig andünsten. Dann den braunen Zucker hinzugeben und karamellisieren lassen. Die Zitrone auspressen und die Zwiebel-Zucker-Mischung mit dem Essig, dem Apfelsaft und dem Zitronensaft ablöschen. Salzen, pfeffern und zu einer zähen Sauce einköcheln lassen, vom Herd nehmen und den Rum unterrühren.

Die Rippchen von beiden Seiten gut mit der Marinade einstreichen, in eine Form legen und mit der restlichen Marinade bedecken. Mit Frischhaltefolie abdecken und über Nacht im Kühlschrank marinieren lassen.

Am nächsten Tag Rippchen und Apfelsenf zum Grillplatz bringen, den Grill gut vorheizen und den Rost mit etwas Speiseöl einstreichen. Die Rippchen darauf von jeder Seite 5-10 Minuten lang grillen, bis sie gut gebräunt sind. Zwischendurch noch einmal mit der Marinade einstreichen.

Mit dem Apfelsenf und knusprigem Weißbrot verzehren.

Trinkt aus, Piraten, Yo-Ho – Klaus Störtebeker

Im Westen Ostfrieslands liegt das Brokmerland. Hier lebte einst ein stolzes Volk, und Keno tom Brok war dessen Häuptling. Als er starb, übernahm sein Sohn Ocko die Macht und unterwarf auch die umliegenden Regionen Ostfrieslands. Doch die Zeiten waren rau, beherrscht von Machtkämpfen und Intrigen. Ocko wurde ermordet, und sein Sohn Widzeld fürchtete um das eigene Leben. Deshalb ersann er, zu seinem Schutz ein Bündnis mit bärbeißigen Gesellen einzugehen, und lud sie dazu ein, ihrerseits Unterschlupf an seinen Gestaden zu finden. Denn sie wurden verfolgt. Sie waren die Vitalienbrüder, eine Horde von wilden Seefahrern, und sie kamen mit ihrem Anführer zu Widzeld nach Marienhafe. Man schrieb das Jahr 1396.

Der Chef dieser Seefahrer fand Gefallen an Widzelds Tante, einer Tochter des alten Häuptlings Keno tom Brok. Er nahm sie in der Kirche von Marienhafe zur Frau, und weil diese Kirche nach einem Blitzeinschlag zehn Jahre zuvor ausgebrannt und danach sehr hübsch wiederaufgebaut worden war, bezogen die Frischvermählten kurzerhand den Kirchturm. Hier, im Schutz der Marienkirche, lebte das Paar zunächst in Sicherheit. Der Häuptling der Vitalienbrüder wurde nämlich von der Obrigkeit steckbrieflich gesucht. Er war kein anderer als Klaus Störtebeker, der legendäre Pirat.

Er kam aus der Gegend von Verden an der Aller. Doch dem ungezügelten Haudegen war die ländliche Provinz deutlich zu eng, es zog ihn ans Meer, um dort als Freibeuter sein Glück zu machen. Weil es ihm problemlos gelang, einen 4-Liter-Humpen voll Bier in einem Zug zu leeren, hatten seine Kumpane ihn ehrfurchtsvoll „Stör-te-beker" genannt, niederdeutsch für „Stürz-den-Becher". Das gefiel dem Raubein sehr, und so nannte er sich fortan nur noch Störtebeker. Er schloss sich den Vitalienbrüdern an, wilden Gesellen, die als Blockadebrecher die Schweden im Kampf gegen Dänemark unterstützten. Beflügelt von ihren Erfolgen begannen sie schließlich, Schiffe in Nord- und Ostsee zu kapern, und starteten eine Laufbahn als Seeräuber. Klaus Störtebeker wurde einer ihrer wichtigsten Kapitäne.

Weil sie auch vor den Schiffen der Hanse nicht haltmachten, regte sich in den Handelsstädten schnell äußerster Unmut gegen die Piratenbande. Störtebeker hatte deshalb Glück, als er Unterschlupf im ostfriesischen Marienhafe fand. Von dieser Operationsbasis aus setzte er sein Handwerk fort, überfiel Hansekoggen und schaffte es immer wieder, mit seinen flotten Schiffen zu entwischen. Doch dann wurde er Opfer von Verrat. Ein Missgünstiger informierte die Hamburger über geheime Pläne der Piraten und sabotierte Störtebekers Fluchtmöglichkeiten, indem er flüssiges Blei in die Steuerung seines Piratenschiffs goss und es damit manövrierunfähig machte. Die Hamburger stellten Störtebeker und seine 72 Mannen vor Helgoland.

Am 21. Oktober 1401 fand die Enthauptung der Seeräuberbande in Hamburgs Hafeneinfahrt statt. Es hatte Störtebeker nichts genutzt, dass er den Ratsherren im Gegenzug für seine Freiheit eine goldene Kette anbot, die einmal rund um die ganze Stadt gereicht hätte. Die Senatoren erwiesen sich als unbestechlich. Doch immerhin gelang es dem Freibeuter, ihnen das Versprechen abzutrotzen, all denjenigen von seinen Männern das Leben zu schenken, an denen er selbst nach seiner Enthauptung noch vorbeigehen konnte.

Unverwüstlich und willensstark bis über den Tod hinaus schritt der geköpfte Störtebeker an elf seiner Leute vorbei, dann warf ihm der Henker den Richtblock vor die Füße, um dem grauenhaften Marsch ein Ende zu bereiten. Der Bürgermeister brach sein Wort und ließ alle Piraten enthaupten. Ihre Köpfe wurden längs der Elbe aufgespießt. Das Piratenschiff verkaufte man an einen Zimmermann, der es zerlegen sollte. Als er die Säge am Mast ansetzte, traf er auf Widerstand. Denn im Inneren des Mastbaums war der sagenhafte Goldschatz des Störtebeker verborgen. Der Zimmermann nahm das edle Metall und ließ daraus eine Krone für Hamburgs St.-Katharinen-Kirche schmieden.

Soweit die Legende vom berühmtesten deutschen Piraten. Eine schöne Geschichte voller obskurer Stimmung und sinisterer Romantik. Doch obwohl Klaus Störtebeker in Norddeutschland noch heute vielerorts so präsent ist, als sei er eine historische Persönlichkeit von unzweifelhafter Bedeutung, so ist die Wahrheit doch umso ernüchternder. Tatsächlich weiß man so gut wie nichts über ihn, ja, es ist letztendlich nicht einmal verbrieft, dass er überhaupt existiert hat.

Die Zweifel beginnen bei seiner Herkunft. Dem Verdener Land wird der Ruhm schon lange durch die Hansestadt Wismar streitig gemacht, denn dort ist der Name „Störtebeker" durchaus verbreitet. Er existiert sogar noch heute. Ein Raufbold namens Nicolao Stortebeker taucht in einem Wismarer Dokument aus dem Jahre 1380 auf, könnte nicht dieser später als Klaus Störtebeker sein Unwesen getrieben haben? Mit dieser Vermutung schmilzt schon einmal die hübsche

Story von dem 4-Liter-Humpen dahin, denn Stortebeker war Nicolaos Geburtsname.

Andere historische Quellen wissen von einem Kaufmann namens Johann Stortebeker aus Danzig zu berichten. Er machte auch als Kapitän Karriere und diente sich mit einer Horde von Vitalienbrüdern den Holländern an, um diese beim Handelskampf gegen die Hanse zu unterstützen. Später warb ihn der englische König ab und nahm ihn und seine Leute als Garde für die eigenen Handelsschiffe unter Vertrag. Dieser Johann war ein Söldner, jedoch kein Pirat. In recht vielen historischen Quellen findet er Erwähnung, was die Vermutung nahelegt, dass die Geschichten und Legenden um Klaus Störtebeker ihre Wurzeln in seiner Person finden. Das würde aber bedeuten, dass es die legendäre Hinrichtung in Hamburg niemals gegeben hat. Für diese Annahme spricht, dass keinerlei Dokumente erhalten sind, die das Blutgericht tatsächlich belegen könnten.

Ob jemals ein Störtebeker im Kirchturm von Marienhafe Unterschlupf fand, ist genauso wenig verbrieft. In den Kirchenbüchern findet sich keinerlei Hinweis. Aber ist das wirklich nötig? Die Marienhafer finden das nicht, deshalb erinnert seit 1992 eine Bronzeskulptur auf dem Marktplatz des Ortes an den Freibeuter. Das Konterfei des Piratenkapitäns ist einer Radierung aus dem 16. Jahrhundert nachempfunden, von der man lange Zeit annahm, sie stelle den ollen Störtebeker dar. Tatsächlich aber zeigt sie einen Hofnarren des Kaisers Maximilian, der hundert Jahre nach Störtebeker lebte.

Doch was soll die Kleinlichkeit. Das Dörflein Marienhafe hat sich mit zwei anderen ostfriesischen Gemeinden zum Tourismusverband Störtebekerland zusammengeschlossen. Und so klein der Ort auch sein mag, er schmückt sich mit einem Wappen, in dem zwei umgestürzte Becher an Störtebeker erinnern. Der soll nämlich seinerseits ebenfalls umgestürzte Becher im Wappen geführt haben, was sich bei seinem Namen ja auch irgendwie aufdrängt. Alljährlich gibt es ein Störtebeker-Straßenfest und alle drei Jahre ein Störtebeker-Freilichtspiel auf dem Marktplatz von Marienhafe. Die Ortschaft mag vielleicht klein sein, mangelnden Einfallsreichtum kann man ihren Bewohnern jedenfalls nicht attestieren. Ganz im Gegenteil: 1999 katapultierte sich Marienhafe ins Guinness-Buch der Rekorde, indem es an der mit 620 Metern längsten Teetafel der Welt eine ostfriesische Teezeremonie mit mehr als 3.000 Teilnehmern veranstaltete. Der Erfolg ist noch immer ungebrochen, aber das nur am Rande, denn Störtebeker hat mit Tee nichts zu tun. Der kam erst Jahrhunderte später nach Ostfriesland. Doch 2009 gab es für Marienhafe einen weiteren Einzug ins Guinness-Buch, der thematisch deutlich näher bei Störtebeker liegt: 1.878 Leute hatten sich als Piraten verkleidet – Rekord!

Der Ideenschatz der Marienhafer mag einzigartig sein, aber natürlich wollen andere dem nicht nachstehen. Die niedersächsischen Küstenstädte verbindet die Störtebekerstraße, und die Hamburger haben am mutmaßlichen Hinrichtungsort auf dem Grasbrook in der HafenCity ein Störtebeker-Denkmal aufgestellt.

Hier hatte man 1878 einen alten Schädel entdeckt, der flugs als „Störtebeker-Schädel" ins Hamburger Geschichtsmuseum wanderte. Wem das Haupt tatsächlich zuzuordnen ist, weiß man allerdings nicht. Forensiker bissen sich die Zähne daran aus, das Genmaterial lässt sich nicht mehr entschlüsseln. Somit kann man leider auch nicht überprüfen, ob vielleicht einer der rund 200 noch lebenden Störtebekers mit dem Verblichenen verwandt ist. Eine Rekonstruktion seiner Gesichtszüge zeigt ein grobschlächtiges Mannsbild. Seinen Namen kann der Kerl aber nicht verraten.

Die Stadt Verden an der Aller beharrt auf der Ehre, Geburtsort des berühmten Piraten zu sein. Alljährlich gibt es hier die „Störtebeker-Spende“, bei der vier Fässer Heringe und 530 Brote an die Bürger verteilt werden. Der alte Freibeuter soll seiner Heimatstadt nämlich auch sieben Fenster für ihren Dom spendiert haben, um damit seine fiesen Sünden abzubüßen. Dagegen hält man sich im konkurrierenden Wismar bedeckt. Hier erinnert nur ein Straßenname an den vermeintlichen Sohn der Stadt. Und in Danzig? Dort schweigt man sich ganz aus.

Weniger bescheiden sind die Rügener. Hier soll der alte Störtebeker seinen unermesslichen Schatz gehortet haben, und zwar in der Stubbenkammer, in der Störtebeker-Kuhle bei Heringsdorf oder wahlweise auch im Burggraben von Venz. Dort soll zumindest die Kette, mit der er sich in Hamburg freikaufen wollte, versteckt sein. Wobei die ja inzwischen eigentlich die Hamburger St.-Katharinen-Kirche schmückt...

Wie dem auch immer sei, jedenfalls veranstaltet man auf Rügen schon seit 1959 jedes Jahr Festspiele zu Ehren des Klaus Störtebeker. Sie locken mehr als 4.500 Zuschauer pro Aufführung an und sind Deutschlands erfolgreichstes Open-Air-Theater.

Ob in Literatur, Liedern, Schiffsnamen oder Filmen, Klaus Störtebeker ist allgegenwärtig. Da ist es doch fast schon egal, ob er wirklich jemals gelebt hat.

Sinbohntjesopp – „friesische Bohnensuppe"

Zutaten:

1 l Branntwein (möglichst Ostfreeske Barnnwien) oder Weinbrand
300 g Sultaninen
150 g brauner Kandiszucker

Zubereitung:

Die Sultaninen in warmem Wasser waschen und gründlich abtropfen lassen. Den Kandiszucker in ganz wenig sehr heißem Wasser zu Läuterzucker auflösen und zusammen mit den Sultaninen in einen Rumtopf oder dergleichen geben. Gut vermischen, abkühlen lassen und dann mit dem Branntwein auffüllen. Das Gefäß gut verschließen und mindestens eine Woche lang, besser aber 3–4 Wochen bei Zimmertemperatur stehen lassen.

Vor dem Genuss noch einmal umrühren und dann in kleine Teegläser füllen. Für die Rosinen einen Teelöffel dazu reichen.

Die Sinbohntjesopp wird in Ostfriesland traditionell anlässlich der bevorstehenden Geburt eines Kindes angesetzt und dann zur Feier selbiger mit Nachbarn und Freunden getrunken. Das ist der sogenannte „Kinnertön".

Ob auch Klaus Störtebekers Piraten in den Genuss dieses hochprozentigen Getränks gekommen sind, ist nicht überliefert. Man weiß nur, dass den Vitalienbrüdern an Bord vier Liter Bier pro Tag und Mann zustanden. Na denn, Prost, wer nix hat de host!

Gemütlichkeit auf Friesisch – das Reetdachhaus

Das friesische Traumhaus hat ein Dach aus Reet. Sieht es denn nicht auch zu malerisch aus, wenn das sanft gebogene, organische Dach sich schützend über ein altes Gemäuer schmiegt? Tatsächlich ist Reet das älteste Dachbaumaterial der Menschheit. Es ist nichts anderes als Schilfrohr, das an Ufern und in Sümpfen wächst. Getrocknet, gebündelt und zurechtgeschnitten erweist es sich als widerstandsfähige Bedachung, welche die Hausbewohner zuverlässig vor Sturm und Nässe schützt. Reet war stets billig und ist zudem haltbar. Die Lebensdauer eines Reetdaches beträgt mit Glück bis zu 50 Jahre, manche Dächer haben sogar schon 100 Jahre auf dem Buckel und sind immer noch dicht.

Weil es in den friesischen Küstenregionen überall Reet gab, drängte es sich als Bedachungsmaterial geradezu auf. Auch in den Städten griff man zum Reet, dort setzten sich aber seit dem Mittelalter feste Dachziegel durch. Denn Reet hat einen großen Nachteil: Hat es einmal Feuer gefangen, dann brennt es lichterloh. Besonders in dicht bebauten Gegenden hatten sich ausbreitende Dachbrände verheerende Folgen. Reet wurde deshalb in den Städten als Baumaterial verboten.

So kommt es, dass sich Reetdächer nur in den ländlichen Gebieten erhalten haben. War es durch die Jahrhunderte hindurch aus Kostengründen geboten, die Dächer mit Schilfrohr zu decken, so ging man im Laufe des letzten Jahrhunderts aber auch hier immer mehr dazu über, die Reetdächer auszutauschen und Dachpfannen zu verwenden. Denn diese wurden mittlerweile industriell hergestellt und waren erschwinglich geworden. Reetdächer hingegen erfordern mühsame Handarbeit, und die ist teuer. Die Bedingungen hatten sich also umgekehrt, vielerorts verschwanden die traditionsreichen Dächer.

Dem begannen einige Orte entgegenzuwirken. Sie erließen Satzungen, die die ausschließliche Verwendung von Reet und die sogenannte „Weichbedachung" vorschreiben, um ihre Ursprünglichkeit zu wahren. So gibt es zum Beispiel in Kampen auf Sylt schon seit 1912 eine entsprechende Verordnung. Aber auch auf den Nachbarinseln Föhr und Amrum legt man Wert auf die historische Bedachung. Hier gibt es noch einige Dachdeckermeister, die sich auf die alte Kunst des Reetdachdeckens spezialisiert haben.

Durch Uferbefestigungen und Deiche ist Reet heute nicht mehr so weit verbreitet wie ehemals. Große Schilfrohrgebiete gibt es aber beispielsweise noch im Hauke Haien Koog bei Schlüttsiel oder in Dithmarschen.

Das Schilf wird geerntet, wenn die Winterkälte und eisige Winde die Blätter von den trockenen Stängeln haben abfallen lassen. Am leichtesten geht das bei Frost, ist der Boden der Schilfgebiete gefroren, kann man ihn zu Fuß oder mit der Erntemaschine problemlos durchqueren. Rückten die Arbeiter in früheren Zeiten dem Schilf noch mit Sicheln und Sensen zu Leibe, so kommen sie heute meist mit Mähmaschinen und ernten damit Reihe für Reihe fein säuberlich ab. Dann wird das Rohr in Bündeln von 120 Zentimetern Länge zusammengefasst, anschließend geschüttelt und gekämmt, um sämtliche Blattreste zu entfernen. Man schlägt die Bündel auf den Boden, damit die Halme dicht zusammenstehen, und bindet sie mit jeweils 60 Zentimetern Umfang zusammen. Zu Pyramiden aufgetürmt trocknen sie im Freien, der Regen läuft an ihrer Oberseite ab und der Wind pustet die letzten losen Blätter von dannen.

Es gibt drei Methoden, ein Reetdach zu decken. Die älteste ist das Binden, sie ist auch die einfachste. Sie kann von einem einzigen Handwerker ganz alleine ausgeführt werden. Mit einer runden Nadel verflicht er Reetbunde und Dachlatten mit Draht und deckt auf diese Art das Dach von unten nach oben ein.

Eine modernere Methode ist die Schraubtechnik. Auch sie kann ein Dachdecker ganz alleine ausführen. Der Draht wird hierbei über die Reetbunde gespannt und mit Schrauben an den Dachlatten fixiert.

Die aufwendigste Methode ist das Nähen. Hierbei wird die größtmögliche Festigkeit erreicht, allerdings sind zwei Handwerker nötig, einer, der von außen näht, und einer, der das Garn entgegennimmt und von innen gegennäht. Welche Methode den Vorzug findet, ist regional unterschiedlich, hängt aber auch vom einzelnen Handwerksbetrieb ab.

Bei so viel Arbeitsaufwand wird schnell klar, dass Reetdächer heute keineswegs mehr billig zu haben sind. Und doch haben sie Vorteile, die ihren Preis rechtfertigen. Die Halme sind hohl und luftgefüllt, damit sorgen sie für ideale Wärmedämmung. Auch zwischen den einzelnen Halmen entstehen weitere Luftpolster. Reet hat außerdem hervorragende Lärmschutzeigenschaften, und weil die Halme im Gegensatz zum Stroh viel Silizium enthalten, sind sie außerdem besonders wasserabweisend. Das Schilfrohr weist von allen heimischen Gräsern sogar die mit Abstand höchste Siliziumkonzentration auf, deshalb ist es nicht nur wasserresistent, sondern auch relativ schwer entflammbar. Problematisch wird es nur im Hochsommer, wenn die Sonne das Reetdach ausgetrocknet hat. Dann wird es brandgefährlich, eine brennende Zigarette aus dem Dachfenster zu werfen, empfiehlt sich nicht. Und natürlich sind alle Feuerwerkskörper der natürliche Feind der Reetdachhäuser.

Wo sie stehen, ist das Silvesterfeuerwerk tabu. Doch zur Entschädigung gibt es einen gemütlichen Silvesterabend im malerischen Friesenhaus.

Friesische Däumchen

Zutaten:

250 g Mehl
130 g Butter (zimmerwarm)
80 g geriebene Haselnüsse
150 g brauner Zucker
2 Eier
150 g Vollmilch-Kuvertüre
100 g Schokoladenraspel
1 Tl Anispulver
1 Tl frisch geriebener Ingwer
1 Tl gemahlener Koriander
1 Tl Zimtpulver
Salz

Zubereitung:

Die Butter mit dem Mehl, den Nüssen, dem Zucker, allen Gewürzen, den Eiern sowie einer Prise Salz vermengen und zu einem geschmeidigen Teig verarbeiten. Fest in Frischhaltefolie wickeln und 2 Stunden lang in den Kühlschrank stellen.

Anschließend noch einmal durchkneten und zwischen 2 Frischhaltefolien mit dem Nudelholz ca. 1 cm dick ausrollen. In Rechtecke von 2 x 5 cm Seitenlänge schneiden, auf ein mit Backpapier ausgelegtes Backblech legen und im vorgeheizten Backofen bei 160°C ca. 15 Minuten lang backen, bis die Plätzchen goldbraun sind.

Vom Blech nehmen und auf einem Rost abkühlen lassen.

Die Schokoraspeln in eine Tasse füllen. Die Kuvertüre im Wasserbad schmelzen und die Plätzchen an beiden Schmalseiten ca. 1 cm tief eintauchen. Anschließend sofort von beiden Seiten kurz in die Schokoraspel stecken oder damit bestreuen und trocknen lassen.

Boßeln? Nie gehört! – Der Volkssport der Friesen

Heute herrscht eine dieser trüben Winterstimmungen, die so oft in der kalten Jahreszeit wie ein bleischweres Tuch über dem Norden hängen. Ich bin in Ostfriesland unterwegs, um meine Freundin Doortje zu besuchen. Bestimmt hat sie einen wärmenden Tee für mich, dann ist das triste Wetter schon gar nicht mehr so schlimm.

Ich muss von der Hauptstraße abbiegen und dann über kleinere asphaltierte Landwege fahren, um zu ihr zu gelangen. Sie wohnt mit ihrem Mann in einem hübschen friesischen Bauernhaus, das sie vor einigen Jahren aufwendig renoviert haben.

Während ich so dahinfahre, schweift mein Blick über das platte, diesige Land. Knorrige alte Bäume recken ihre Äste empor, als versuchten sie, über die feuchte Luft hinwegzureichen. Die Felder liegen braun und bloß, dazwischen zieht sich ein schmaler Kanal mit bleiern trägem Wasser entlang, und leichter Dunst steigt von ihm auf. Es ist, als ob die Landschaft in einen grauen Winterschlaf gefallen sei.

Da reißt mich plötzlich ein auffälliges Schild aus meinen Gedanken, das halb auf der Fahrbahn, halb auf der Böschung steht. Offensichtlich wurde es hier gerade erst platziert, es ist ein weiß-rotes Warnschild, und es trägt die Aufschrift „Boßeln!". Bitte was?

Dann sehe ich sie auch schon. Eine Gruppe von Leuten blockiert die Straße. Einer von ihnen hat sich zu mir umgewendet und gebietet mir mit erhobener Hand, anzuhalten. Was geht hier vor? Ich steige aus und begebe mich zu den Leuten, um der Sache auf den Grund zu gehen.

Es stellt sich heraus, dass sie sich um einen Mann geschart haben, der gerade Anlauf nimmt, mit dem Arm nach hinten ausholt und ihn dann nach vorne schnellen lässt. Dabei schleudert er einen Ball die Straße entlang. Der fliegt unglaublich weit und rollt dann sogar noch ein Stück die Straße hinunter. Die Umstehenden geben ein paar anerkennende Laute von sich. Dann wendet sich wieder einer mir zu. Ich könne dann jetzt durchfahren, meint er. Aber das will ich gar nicht. Mich interessiert vielmehr, was hier los ist. Deshalb frage ich frei heraus in die Runde.

Etliche ungläubig geweitete Augenpaare wenden sich mir zu. Einer lacht. Ich sei wohl eine Süddeutsche, nickt er verständnisvoll, und hätte keine Ahnung. Auf den Gesichtern der anderen zeigt sich Erleichterung. Ach so, eine Süddeutsche. Mitleid zeichnet sich auf manchen Mienen ab.

Na, wenn das so ist, dann wolle er mich mal aufklären, sagt der Mann, der mich als Fremde geoutet hat, in breitem Platt und grinst. Hier werde gerade geboßelt, das hätte ich ja bestimmt auf dem Schild gelesen. Er und seine Kumpel seien vom Boßelverein „Laat hum lopen“, und heute spielten sie gegen die Kameraden vom Verein „He löpt noch“. Alles klar?

Als er das Fragezeichen in meinem Gesicht sieht, fährt er bereitwillig fort. Das Boßeln ist ein friesischer Volkssport und es heißt, ein Friese erlerne zuerst das Laufen und gleich danach das Boßeln. Wichtigste Zutat ist die Kugel, die keineswegs ein „Ball“ ist, wie ich Greenhorn zunächst gedacht hatte. Diese Spieler hier verwenden eine Gummikugel, es gibt aber auch welche aus Kunststoff, die heißen dann Holz. Ich nicke irritiert. Ach ja natürlich, sage ich schnell.

Die Kugel wird dann ähnlich wie beim Kegeln nach vorne geschleudert und soll möglichst weit vorankommen. Profis schaffen auf gerader Strecke gut und gerne 200 Meter mit einem einzigen Wurf. Dann ist ein Spieler der anderen Mannschaft an der Reihe, und am Landepunkt übernimmt ein jeweils anderer Spieler den nächsten Wurf. In jeder Mannschaft spielen vier Werfer, die zurückliegende Mannschaft hat jeweils den ersten Wurf. Kann sie den Rückstand nicht aufholen, bekommt die andere Mannschaft einen Punkt, der Schoet heißt. Jedem einzelnen Werfer stehen zehn bis zwölf Würfe zu, und gewonnen hat die Mannschaft, die am Ende die meisten Schoets hat. Und weil alle ihr Äußerstes geben, ist die zurückgelegte Gesamtstrecke ganz schön lang. Sechs Kilometer sind da nichts weiter als ein Pappenstiel.

„Und das findet einfach so mitten auf der Straße statt?“, frage ich noch immer ungläubig. Ja sicher, das biete sich doch an, erklärt der Mann geduldig. Jeder kennt das in Ostfriesland und nimmt entsprechend Rücksicht, wenn er das Warnschild am Straßenrand sieht. Nur bei großen Wettkämpfen werden die Straßen für die Dauer des Turniers gesperrt, bei kleinen Hobbyspielen ist das nicht nötig.

Das Boßeln kann auf eine ganz beachtliche Geschichte zurückblicken. Tatsächlich wurde schon im 17. Jahrhundert geboßelt. Vorläufer war das noch heute bekannte Kootschießen, das die Friesen schon im Mittelalter spielten. Dazu braucht man eine bleigefüllte Holzkugel, und die Wurftechnik ist ziemlich anspruchsvoll. Man veranstaltet es auf den im Winter brachliegenden Feldern. Das Boßeln ist deutlich einfacher zu spielen, und als immer mehr Straßen und Wege befestigt wurden, breitete es sich rasch aus. Seit dem Zweiten

Weltkrieg hat es sich in Friesland zum Volkssport Nummer eins entwickelt. Es ist ein traditionelles Spiel für die Winterzeit, weil die Landbevölkerung nur im Winter ausreichend Zeit dafür entbehren kann. Die großen Wettkämpfe finden dementsprechend im Winterhalbjahr statt, die internationalen Meisterschaften aber erst im Mai.

Ja, bestätigt mein Dozent ernst, das Boßeln sei ja nicht nur ein Privatvergnügen der Friesen. Man spielt es auch in Holland, und die Soldaten Wilhelms von Oranien brachten es schon vor mehr als 300 Jahren nach Irland. Auch in Italien kennt man das Spiel, dort heißt es „Bocciaforte". In der Schweiz spielt man „Krugeln", in den USA „Irish Road Bowling" und in Spanien „Tiro de Bola Aragonesa". Auch um Düsseldorf ist das Boßeln verbreitet, aber das könne ich als Süddeutsche freilich nicht wissen, räumt er voller Nachsicht ein. Ich verschweige tunlichst, dass ich Rheinländerin bin.

Man spiele es auch gerne während der althergebrachten Kohlfahrten, fährt er fort. Die würde ich ja sicher kennen. Wenn der Grünkohl nach dem ersten Frost endlich erntereif ist, bricht man in Norddeutschland gern in Gesellschaft zu einem Ausflug in die Natur auf. An dessen Ende steht ein Gasthof zur Einkehr bereit, in dem es dann ein traditionelles Kohlessen gibt.

Während der Wanderung dorthin vergnügt man sich gerne mit Boßeln. Nur zum Spaß, versteht sich. Alles hat seine Zeit, das Vergnügen genauso wie die ernsten Wettkämpfe.

Wie sie denn nun weiterkämen, frage ich naiv und weise voraus auf die Strecke, wo sich die Straße in einer Kurve nach links windet. Um die Ecke könnten sie ja wohl nicht werfen!

Er runzelt die Stirn und sieht mich leicht missbilligend an. Doch sofort hellt sich sein Blick wieder auf. Ich kann ja nichts dazu, dass ich Süddeutsche bin. Man verpasse der Kugel beim

Abwurf einen Drall, erklärt er leutselig. „Över Dum“, gehe das, über den Daumen, und dann fliege die Kugel problemlos um die Kurve. Auf gerader Strecke hingegen werfe man dagegen „liek ut Hand“, gerade aus der Hand. Ja, nun hätte ich ja wirklich was dazugelernt, nicht wahr?

Ob ich denn den Theodor Storm kenne, meint er dann noch. Ich nicke leicht verlegen. Der habe nämlich ein Buch geschrieben, das heiße „Der Schimmelreiter“. Darin beschreibe er eine Szene des Boßelns mit den Worten: „Gesprochen wurde von all den Menschen wenig; nur wenn ein Kapitalwurf geschah, hörte man wohl einen Ruf der jungen Männer oder Weiber; oder von den Alten einer nahm seine Pfeife aus dem Mund und klopfte damit unter ein paar guten Worten den Werfer auf die Schulter...“

Ich könne ja gelegentlich mal einen Blick in das Buch werfen, fügt er hinzu. Dann gibt er mir zu verstehen, dass er nun genug erklärt habe und sich wieder dem Spiel zuwenden wolle. Die Kugeln auf der Fahrbahnmitte solle ich einfach zwischen die Reifen nehmen, sagt er.

Ich bedanke mich artig und fahre vorsichtig weiter. Nicht, dass ich am Ende noch die Spielbahn irgendwie beeinträchtige...

Doch die Boßler winken mir nur lachend hinterher.

Kohl und Pinkel

Zutaten für 4 Personen:

1,2 kg Grünkohl
80 g Bauchspeck
500 g Kassler Nacken
4 Mettenden
4 Pinkel*
50 g Haferflocken
2 Zwiebeln
500 ml Bratenfond
Speiseöl
Zucker, Salz, Pfeffer

* eine grobkörnige, geräucherte Grützwurst

Zubereitung:

Die Kohlblätter abreißen, in siedendem Salzwasser blanchieren, kalt abschrecken und grob hacken. Die Zwiebeln schälen und würfeln. Vom Speck die Schwarten abschneiden, den Rest würfeln. In einem hohen Topf etwas Öl erhitzen, Zwiebeln und Speckwürfel darin anbraten. Mit dem Fond ablöschen, den Grünkohl hinzugeben, die Speckschwarten darauflegen. Aufkochen, dann die Hitze reduzieren und 30 Minuten köcheln lassen. Den Kassler Nacken in 4 Scheiben schneiden und nach Ablauf der Zeit oben auflegen. Weitere 30 Minuten köcheln lassen, dann mit Salz, Pfeffer sowie etwas Zucker abschmecken und mit Haferflocken binden. Nun die Würste hinzugeben und das Ganze noch einmal 30 Minuten köcheln lassen. Die Speckschwarten entfernen. Den Kohl, je eine Wurst und eine Scheibe Kassler auf Tellern anrichten. Dazu Salzkartoffeln servieren.

Kohl und Pinkel ist das typische Winteressen Frieslands. Wichtig ist, dass der Kohl mindestens eine Nacht lang auf dem Feld dem Frost ausgesetzt war, damit er seinen typischen Geschmack erreicht.

Allein auf hoher See – der Leuchtturm Roter Sand

Mit welcher Schwermut mag so mancher Auswanderer zurück zur Heimat geschaut haben, wenn sein Schiff Bremerhaven verließ! Und dann, wenn die Küste des vertrauten Landes schon hinter dem Horizont verschwunden war, hob sich mit einem Mal ein markanter Leuchtturm aus dem grauen Meer und sendete einen letzten Gruß der Heimat. Ganz so, als wolle diese sicherstellen, dass sie in leuchtender Erinnerung bleiben möge.

Fast 30 Seemeilen vor Bremerhaven befindet sich Deutschlands berühmtester Leuchtturm Roter Sand. Auffällig rot und weiß gestrichen, steht er direkt auf dem Meeresgrund. Das bedeutete im Jahr 1885, als er seinen Betrieb aufnahm, eine Sensation, tatsächlich war er das erste derartige Bauwerk auf der ganzen Welt.

Man hatte damals lange überlegt, wie man das hohe Schifffahrtsaufkommen in der Wesermündung zeitgemäß mit Seezeichen regeln könnte. Zuvor hatten zwei Feuerschiffe auf der Außenweser gelegen. Hier gab es aber noch eine weitere ungesicherte Untiefe, das Muschelriff Roter Sand. Ein weiteres Feuerschiff am Roten Sand zu platzieren, hielt man wegen der Untiefe für nicht durchführbar, weil zu gefährlich.

So entstand die Idee, kurzerhand einen Turm direkt auf die Muschelbank zu setzen. Aber das war leichter gesagt als getan. Es wurde ein gigantischer Senkkasten gebaut, der das Fundament bilden sollte, und von zwei Dampfschleppern zum Roten Sand transportiert, um ihn dort ins Meer abzulassen und mit Beton zu befüllen. Doch auf dem Weg zu seinem Zielort riss sich das schwere Ding los und strandete auf einer Sandbank. Mühsam musste es freigeschleppt werden, wodurch sich die Anlieferung um etliche Tage verzögerte.

Als das gute Stück dann endlich vor Ort angekommen war und 22 Meter in die Tiefe versenkt wurde, da legte sich der widerspenstige Kasten einfach quer. Aus war's. Die Ingenieure mussten warten, bis ein Frühlingssturm kam, und sie hatten Glück. Denn der richtete den Senkkasten wieder auf. Sofort fingen die Arbeiter damit an, das monströse Teil mit Beton zu befüllen, doch gelang es nicht mehr, genug davon hineinzupumpen, bevor die Herbststürme einsetzen. Diese schmissen den Senkkasten einfach um, und keine Kraft der Welt konnte ihn wieder aufrichten. Die betroffene Baufirma ging pleite.

Im Jahr darauf trat ein anderes Unternehmen auf den Plan, um es noch einmal zu versuchen. Die bewilligten Baukosten waren inzwischen verdoppelt worden, nach heutigen Maßstäben lagen sie bei rund 20 Millionen Euro. Bis der Vertrag unter Dach und Fach war, wurde es schon wieder Spätsommer, und man musste bis zum nächsten Jahr warten. Während des Winters wurde ein neuer Senkkasten gebaut, der noch deutlich größer als der erste ausfiel. Im Mai schleppte man ihn hinaus und schaffte es, ihn ein Stück von der Stelle des ersten Versuchs entfernt erfolgreich zu platzieren. In mühsamer Handarbeit wurde er mit 316 Kubikmetern Beton gefüllt. Diesmal ging alles gut, die Herbststürme konnten dem Fundament nichts anhaben.

Im nächsten Frühjahr begannen die Arbeiten am Turmaufbau, und im November maß dieser bereits drei Stockwerke. Über den Winter ruhte die Bautätigkeit, doch im nächsten

August war der komplette Korpus fertig. Nun ging es daran, den Leuchtkörper in 24 Metern Höhe einzubauen.

Das erste Feuer lieferte ein simpler Petroleumbrenner mit Blenden, die über ein Uhrwerk auf- und zugeklappt wurden. Am 1. November 1885 um 0:00 Uhr leuchtete das Signal erstmals auf, der Rote Sand ging in Betrieb, sieben Jahre, nachdem die Idee geboren worden war. Als weltweit erstes Offshorebauwerk erregte die architektonische Pionierleistung enormes Aufsehen.

Der Fortschritt erwies sich als unaufhaltsam. Schon ein Jahr später erhielt der Rote Sand eine elektrische Lampe. Die Stromversorgung erfolgte über ein Seekabel von der elf Kilometer entfernten Insel Wangerooge aus. Doch die Nordsee ist nicht so leicht zu bezähmen. Immer wieder riss die Stromverbindung ab. Die häufigen Ausfälle des Seezeichens waren natürlich für die Schifffahrt extrem gefährlich, deshalb gab man schließlich auf und zündete acht Jahre später wieder eine zwar altmodische, dafür aber verlässliche Petroleumlampe an. Erst nach dem Zweiten Weltkrieg wurde auf propangasbetriebenes Gasglühlicht umgesattelt, und 1947 gab es dann endlich wieder Strom. Dafür sorgten nun zuverlässige Dieselaggregate. Sie hatten so viel Power, dass die Leuchtkraft auf 1.000 Watt erhöht werden konnte und auch der Leuchtturmwärter erstmals elektrischen Strom bekam.

Der führte ein recht einsames Leben hier draußen, gut 55 Kilometer vor Bremerhaven. Zwar hatte er stets einen Gehilfen bei sich, trotzdem will man sich nicht ausmalen, wie sich der einsame Alltag im Turm gestaltet hat. Und wie mag es erst bei einem schweren Sturm gewesen sein…

Nur alle acht Wochen kam ein Versorgungsschiff und brachte Lebensmittel, Zeitungen und Briefe. Über einen Telegraphen bestand Verbindung zur Außenwelt, für den Notfall hing ein Rettungsboot am Balkon. Zisternen im Fundament sicherten die Süßwasserversorgung. Und wenn es neblig wurde, mussten die beiden Männer alle 40 Sekunden die Nebelglocke läuten – ununterbrochen, so lange, bis der Nebel sich wieder verzog. Kam endlich Ablösung, so verließen sie den Turm in einem schwankenden Förderkorb, während die Nordsee ringsum toste. Einen Bootsanleger gab es nämlich nicht.

Über Jahrzehnte hinweg ging alles gut. Zwar verlagerte sich die Fahrrinne mit der Zeit, dennoch blieb der Turm für die Außenweser bedeutsam. Mitte der Fünfzigerjahre wurde eine umfassende Renovierung erforderlich, da das Fundament mit den Jahren schwere Schäden erlitten hatte. Trotzdem erwies sich der Turm auch danach als zu instabil, um moderne Radartechnik aufnehmen zu können. Deshalb wurde nordöstlich vom Roten Sand der neue Leuchtturm Alte Weser erbaut, 40 Meter hoch und äußerst stabil dank seines sich nach unten hin verjüngenden Turmschafts. 1964 war er fertiggestellt, der Rote Sand hatte ausgedient. Die Besatzung wurde abgezogen.

Nun diente er nur noch als Tagessichtzeichen. Nachts glomm ein bescheidenes Propangasfeuer in seiner Spitze. Nebelglocke und Uhrwerk wanderten ins Schifffahrtsmuseum von Bremerhaven. Es wurde überlegt, den Leuchtturm abzureißen oder alternativ abzutragen und an Land wieder zu errichten. Doch da hatte man nicht mit dem Protest der Bevölkerung gerechnet. Denn der symbolische und sentimentale Wert des Leuchtturms Roter Sand ist nicht zu unterschätzen.

So wurde er schließlich unter Denkmalschutz gestellt. Ein Förderverein setzt sich seit 1983 für seinen Erhalt ein. Allerdings waren umfassende Maßnahmen erforderlich, um sein ramponiertes Fundament zu stabilisieren. 1987 hat man dem Sockel mit enormem Aufwand eine Stahlmanschette übergestülpt. Mit einem Kran wurde der Stahlmantel hochgezogen und anschließend um den Leuchtturm herum ins Wasser hinabgelassen. Dabei betrug der Abstand zwischen Stahl und Turm teilweise nur 50 Zentimeter.

Mitte der Neunzigerjahre erhielt der Rote Sand schließlich zwei Schiffsanleger. Die Innenräume wurden originalgetreu rekonstruiert. Von Bremerhaven aus kann man nun bei geeigneten Wetterverhältnissen in den Sommermonaten mit einem Museumsschiff hinaus zum Roten Sand fahren und ihn besichtigen, ja, sogar eine Nacht darin verbringen. Dann liegt der Turm nicht mehr ganz so einsam und verlassen draußen im Meer.

Sein rot-weißer Anstrich geriet zum Vorbild für viele andere Leuchttürme, er gilt als der Klassiker schlechthin. Damit seine Schönheit erhalten bleibt, wird er alle fünf Jahre neu angestrichen und mit Rostschutz versehen. Spenden sind willkommen, denn das kostet jedes Mal rund 65.000 Euro.

Aber was tut man nicht alles für ein einzigartiges Wahrzeichen?

Miesmuscheln in Weißwein

Zutaten für 4 Personen:

2 kg frische Miesmuscheln
0,75 l trockener Weißwein
1,5 l Gemüsebrühe
4 Zwiebeln
1 Porreestange
3 Möhren
3 Tomaten
3 Knoblauchzehen
2 Lorbeerblätter
1 kl. Bund Blattpetersilie
4 Frühlingszwiebeln
80 g Butter
2 Zitronen
Pfeffer, Salz

Zubereitung:

Muscheln, die sich bereits geöffnet haben, entfernen. Alle anderen Muscheln 45 Minuten lang wässern. Anschließend unter fließendem Wasser gründlich abbürsten und von Sand und eventuellen Algenfasern befreien.

Die Tomaten kurz mit heißem Wasser überbrühen, häuten, die Kerne entfernen und die Tomaten würfeln. Zwiebeln und Knoblauch schälen und fein hacken. Möhren, Porree und Frühlingszwiebeln putzen und in feine Scheibchen schneiden. Die Petersilie fein hacken, die Zitronen längsseitig vierteln.

Die Butter in einem großen Topf auslassen und das Gemüse darin leicht anbräunen. Mit dem Weißwein und der Gemüsebrühe ablöschen. Aufkochen, mit Salz und Pfeffer würzen, die Lorbeerblätter hineingeben und alles 15 Minuten lang köcheln lassen. Dann die Tomaten hinzugeben und die Hitze so weit reduzieren, dass der Sud nicht mehr siedet.

Nun die Muscheln in den Sud geben und ein paar Minuten lang bei milder Hitze ziehen lassen, bis sie sich öffnen. Muscheln, die sich nicht öffnen, müssen entfernt werden.

Die Muscheln in der Brühe auf Tellern anrichten und mit Petersilie bestreuen. Dazu jeweils zwei Zitronenviertel und frisches Weißbrot reichen.

Stelzen wie ein Marabu – Sankt Peter-Ording

Wie auf einer Ameisenstraße wuseln unzählige Menschen in Sankt Peter-Ording über einen schier endlosen Holzsteg, der durch die Dünenlandschaft führt. Sie tragen bunte Sommerkleidung, Strandtaschen und Gummispielzeug. Ganz offensichtlich sind sie unterwegs zu einem Tag am Meer, doch den müssen sie sich erst einmal verdienen. Denn der Steg zum Strand ist stolze 1.065 Meter lang.

Die Idee, Badegäste mithilfe einer Holzbrücke zum Strand zu führen, wurde schon 1926 realisiert. Damals gelangte man darüber noch bis zu einer vorgelagerten Sandbank, der eigentliche Badestrand von Sankt Peter-Ording lag direkt vor den Dünen und war brav in Herren- und Damenstrand unterteilt. Wem das zu bieder war, den zog es hinaus zur jener Sandbank. Hier versprach man sich zudem eine bessere Wirkung des heilenden Wellenschlags, der ungebremst auf den Strand traf. Fischer setzten die Gäste für 10 Pfennige über den trennenden Priel hinüber. Weil es aber immer mehr dieser Gäste gab, ließ der Kurdirektor schließlich quer über die Wasserrinne eine Holzbrücke errichten, die hinaus auf die Sandbank führte.

Die lange Brücke, immer wieder von Fluten beschädigt und unermüdlich erneut instandgesetzt, ist heute eines der Wahrzeichen des Ortes. Vor einigen Jahren komplett neu aufgebaut, verläuft sie nun mit einem rechtwinkligen Knick auf Betonpfählen in Richtung Strand. Sie ist aus Lärchenholz gefertigt, von knallgelben Lampen beleuchtet und mit Ausbuchtungen versehen, die unterwegs zum Verweilen einladen. Und sie ist wichtiger denn je, weil der alte Badestrand längst zur Salzwiesenlandschaft versandet ist und aus der ehemaligen Sandbank nun der eigentliche Badestrand von Sankt Peter-Ording geworden ist.

Die Salzwiesen suchen allerdings ihresgleichen. Sie gehören zu den wenigen überhaupt, die in weitgehend natürlichem Zustand sind, mit kleinen Tümpeln und Wasserläufen sowie geschützten Refugien für Amphibien und Seevögel. So wandert man auf der Holzbrücke über ein kleines Wunderland der Natur.

Am Ende des langen Stegs warten weitere Stelzenbauten auf die Strandgäste. Sie sind das Markenzeichen von Sankt Peter-Ording, einzigartig an der Nordseeküste.

Einst galten die Dünen als Besonderheit des Ortes. Sie waren strahlend weiß und ohne jeden Bewuchs. Die ersten Kurgäste des 19. Jahrhunderts tauften sie „Wüste Arabiens". Doch reine Sanddünen sind den Winden schutzlos ausgeliefert, sie werden immer wieder abgetragen und anderenorts neu aufgeschichtet. So ist das Ufer nicht nur gefährdet, eine sinnvolle Nutzung des Strandbereichs wird fast unmöglich. Deshalb ordnete der Deichgraf 1860 die Bepflanzung der Dünen an, um der ständigen Verschiebung der Landschaft ein für alle Mal Einhalt zu gebieten. Man setzte Strandhafer und stellte einen Unteroffizier mit sechs Männern ab, um die Pflänzchen zu bewachen. Denn die armen Dorfbewohner rissen sie immer wieder heraus, weil die langen Wurzeln des Strandhafers zum Binden der Reetdächer dienten. Den Menschen dämmerte es erst allmählich, dass ihre Zukunft im Fremdenverkehr lag und die Strandsicherung eine Grundvoraussetzung dafür war.

Es war der Bäckermeister Max Ranft aus dem heutigen Ortsteil Ording, der zu Beginn des 20. Jahrhunderts vom boomenden Tourismus profitieren wollte. Sein Butterkuchen schmeckte äußerst lecker, er nannte ihn schlicht „Marabu", als Abkürzung für „Max-Ranft-Butterkuchen". Die feinen Herrschaften, die in Ording zur Sommerfrische weilten, liebten den Marabu, doch tagsüber hielten sie sich fern der Bäckerstube am Strand hinter den Dünen auf.

Das Beste wäre es doch, so sagte sich der schlaue Bäcker, den Kuchen gleich vor Ort am Strand an die Badegäste zu verkaufen. Dazu benötigte man – wir hörten bereits davon – eine jener „Giftbuden", wie sie anderenorts schon sehr erfolgreich existierten. Neben einem süßen Imbiss ließ sich hier auch gleich noch ein diskretes Gläschen Cognac verkaufen, was nicht nur die Geschäfte ankurbelte, sondern auch die Stimmung am Strand beflügelte.

Doch der Strand von Sankt Peter-Ording liegt an der Spitze der Halbinsel Eiderstedt exponiert vor der Nordsee, schon bei leichteren Stürmen wird er völlig überspült. Stellt man eine Hütte darauf, so wird auch diese unweigerlich geflutet. Da sah der Bäckersmann eine Abbildung des Vogels Marabu, Namensvetter des berühmten Butterkuchens. Der Marabu gehört zur Familie der Störche und stakst auf seinen langen, dünnen Beinen durchs seichte Wasser. Das brachte Bäcker Ranft auf die Idee, seine Giftbude einfach auf Holzstelzen zu setzen. Sollte das Wasser doch nur kommen!

Die Bude gedieh zum vollen Erfolg, Marabus und Cognac gingen weg wie warme Semmeln. Doch die Zeiten änderten sich. Ganz allmählich versandete der Priel vor dem Badestrand, der Meeressaum verlagerte sich immer weiter nach draußen. Der Standort der Giftbude von Meister Ranft lag schließlich nicht mehr am Wasser und wurde uninteressant.

So baute 1938 ein Nachfolger des Verkaufspioniers Ranft eine neue Stelzenbude am Badestrand, der nun auf der ehemaligen Sandbank lag, und nannte sie „Arche Noah". Hinzu kamen eine Bude für die Strandaufsicht und eine mit Umkleidekabinen. Nach einer schweren Sturmflut in den Fünfzigerjahren wurden die Pfähle erhöht und stabilisiert, die drei Pfahlbauten stehen noch heute.

Problematisch ist nur, dass sich die Sandbank immer weiter verändert, im Norden wird sie kleiner, im Süden, wo die Pfahlbauten stehen, immer breiter und flacher. Die Bademöglichkeiten im Bereich der Pfahlbauten verschlechtern sich zunehmend.

Man hat deshalb noch weitere bewachte Abschnitte am zwölf Kilometer langen Strand von Sankt Peter-Ording ausgewiesen und auch diese mit Pfahlbauten versehen. So gibt es mittlerweile fünf Gruppen von je drei Pfahlbauten, sie beherbergen Restaurants, sanitäre Anlagen, Strandkorbvermietungen und Badeaufsicht. Und wem der Weg dorthin zu weit ist, der darf – einzigartig in Deutschland – drei der Badestellen direkt mit dem Auto anfahren. Mobil bis an den Rand der Waterkant!

Friesischer Butterkuchen „Marabu“

Zutaten:

800 g Mehl
500 ml Buttermilch
250 g brauner Zucker
1 Würfel Hefe
1 Ei
100 g geriebene Haselnüsse
300 g Butter (zimmerwarm)
1 Pck. Vanillezucker
1 Tl gemahlener Zimt
125 g Mandelblättchen
Salz

Zubereitung:

250 ml Buttermilch und 50 g Zucker lauwarm erhitzen, vom Herd nehmen, die Hefe hineinbröckeln und auflösen. In einer Schüssel 500 g Mehl mit dem Vanillezucker und ½ Tl Salz vermischen. Das Ei, 50 g Butter und die Buttermilch-Hefe-Mischung hinzugeben, alles zu einem Teig verarbeiten und kräftig durchkneten. Abdecken und an einem warmen Ort 30 Minuten lang gehen lassen.

Die restliche Butter bei milder Hitze schmelzen. Das restliche Mehl mit dem restlichen Zucker, den Haselnüssen, dem Zimt und 1 Prise Salz vermischen, die Butter langsam dazugießen und alles zu Streuseln verarbeiten.

Ein Backblech mit Backpapier auslegen. Den Teig noch einmal gut durchkneten und gleichmäßig darauf ausbreiten. Wieder abdecken und 15 Minuten lang gehen lassen. Dann mit einem Finger in gleichmäßigen Abständen Mulden hineindrücken und die Streusel darüber verteilen. Im auf 200 °C vorgeheizten Backofen 15 Minuten lang backen, dann mit der restlichen Buttermilch beträufeln, die Mandelplättchen darauf verteilen und noch einmal 15 Minuten lang weiterbacken.

Das schwarze Gold von der Waterkant – Ölförderung auf Mittelplate

Mitten im Weltnaturerbe Wattenmeer vor der Dithmarscher Küste erhebt sich ein außergewöhnlicher Koloss aus Stahl. Darauf drängen sich technische Anlagen wie gigantische Bauklötze zusammen, ein riesiger gelber Zylinder, ein weiß angestrichener Kubus, blaue Containerbauten, ein oranger Kran und ein grünes Helikopterdeck. Rohre und Treppen winden sich um die Gebilde, gewaltige Muttern ragen daraus hervor, überall brummt, röhrt und knirscht es. Auf einer Seite ragt das Herz des Monstrums 70 Meter hoch in den Himmel, es ist ein graues Turmgerüst. Ein schwerer Geruch von Öl liegt in der Luft. Männer werkeln herum, in grellfarbener Sicherheitskleidung mit Schutzbrillen und Helmen. All die leuchtende Farbe vermag nicht darüber hinwegzutäuschen, dass es sich hier um Schwerindustrie handelt. Was hat die im Wattenmeer zu suchen?

Nur sieben Kilometer davon entfernt liegt die Seehundstation von Friedrichskoog. Hier werden Heuler aufgepäppelt, verlassen aufgefundene Seehundbabys, um sie später wieder in die Freiheit zu entlassen. Einige Seehunde und Kegelrobben leben auch dauerhaft in der Station, auf der nicht nur Forschung rund um den Artenschutz betrieben wird, sondern auch Besucher die Tiere beobachten und Informationen über deren Lebenssituation, ihre Biologie und die Schutzmaßnahmen zum Erhalt ihrer Populationen erhalten können. Einen größeren Gegensatz zu dem Industriekoloss kann man sich kaum vorstellen.

Entsprechend streng sind die Auflagen, denen er unterliegt. Es handelt sich um Mittelplate, Deutschlands einzige Ölplattform. Hier, zwischen Büsum und Elbmündung, sind rund 100 Millionen Tonnen Erdöl unter dem Meer im Schlick des Wattenmeers verborgen. Gut eine Million Tonnen davon bringt die Plattform jährlich noch hervor, nachdem sie den Zenit ihres Ertrags mit einer Fördermenge von mehr als zwei Millionen Tonnen in den ersten Jahren des neuen Jahrtausends überschritten hat. Das Öl wird aus zwei bis maximal vier Kilometern Tiefe heraufgepumpt und kommt mit molligen 50 bis 70 Grad Celsius im Bohrkeller der Plattform an. Das heizt ihm ordentlich ein, hier herrschen Temperaturen von um die 30 Grad.

Rund 125 Millionen Tonnen Erdöl werden in Deutschland jährlich verbraucht, Mittelplates Anteil daran ist also nicht gerade enorm. Schätzungsweise noch weitere 20 bis 25 Millionen Tonnen sind mithilfe der bisherigen Methoden von Mittelplate förderbar, damit kämen wir also gute zwei Monate lang hin. Wozu der Aufwand?

Dass es Ölvorkommen vor der deutschen Nordseeküste geben musste, hatten die Geologen schon seit den Fünfzigerjahren des letzten Jahrhunderts vermutet. Die Ölkrisen der Siebzigerjahre schärften das Bewusstsein hinsichtlich der Abhängigkeit von den ölfördernden Staaten. So machte man Anfang der Achtzigerjahre einige Probebohrungen und entschloss sich nach deren erfolgreichem Verlauf, in die Eigenproduktion einzusteigen. Mag sein, dass die Herren sich trotzig sagten, besser ein bisschen Öl als gar nichts.

Doch Deutschland war auch schon damals sensibel gegenüber der ökologischen Problematik. Nur ein paar Liter Öl, die ins Wattenmeer auslaufen, könnten katastrophale Folgen für die Umwelt haben. Die RWE-Tochter DEA, welche die Ölplattform betreibt, musste deshalb schon während des Baus strengste Vorschriften befolgen. Mit Erfolg, denn einen Zwischenfall hat es in all den Jahren nicht gegeben. Kein einziger Tropfen Öl geriet ins Wattenmeer.

Die Plattform ist 95 Meter lang und 60 Meter breit, und damit gerade mal so groß wie ein Fußballfeld. Um den Raum optimal ausnutzen zu können, wurde deshalb alles in die Höhe gebaut. Wer Mittelplate besucht, muss schwindelfrei und fit genug für die unzähligen Treppen sein, die auf ihn warten. Die gesamte Fläche des Bauwerks ist unten von einer Stahlbetonwanne umschlossen, einer Art monströser Windel, die verhindern soll, dass im Fall eines Lecks Öl in die Nordsee gelangt. „Kolkschutz“ heißt diese Vorrichtung, und vor geraumer Zeit musste sie für 64 Millionen Euro verstärkt werden, weil sich ein Wanderpriel auf Mittelplate zu bewegte und die Stabilität der Befestigung durch Unterspülungen gefährdete. Bei einem solch umfassenden Eingriff sind vom europäischen Naturschutzrecht Ausgleichsmaßnahmen vorgeschrieben, deren Wirksamkeit zweifelten viele Naturschützer allerdings an. In diesem Fall wurde das Problem von der Natur selbst in die Hand genommen. Es bildete sich ein neuer Priel, wodurch die Auskolkungen an der Förderplattform zurückgingen. Dennoch ist und bleibt die Bohrinsel ein Dorn im Auge der Naturschützer.

Die Förderung von Nordseeöl ist allerdings das Herzstück der Dithmarscher Wirtschaft. Rund 1.000 Arbeitsplätze hängen daran, davon 96 Dauerarbeitsplätze auf der Plattform selbst. Diese Arbeiter übernachten auf der Bohrinsel, zahlreiche andere, meist von Fremdfirmen, fahren nach getanem Tagewerk zurück aufs Festland.

14 Tage dauert der Inseldienst der auf Mittelplate lebenden Arbeiter, zwölf Stunden pro Tag. Danach haben sie 14 Tage frei, bevor sie wieder auf die Plattform ausrücken müssen. Gar nicht so schlimm, meint ein junger Arbeiter, der mit seinem Seesack von Cuxhaven aus zur Plattform aufbricht. Er hat auch schon auf englischen und norwegischen Plattformen gearbeitet, dort dauert der Dienst sogar einen ganzen Monat lang. Und das Essen ist bei weitem nicht so gut wie auf Mittelplate, sagt er. Eine Tonne Nahrungsmittel wird pro Woche auf die Ölplattform verschifft, damit das kulinarische Angebot auch so gut bleibt.

Bei der Ankunft auf Mittelplate heißt es erst einmal, Handys und Kameras auszuschalten. Alles, was Funkenschlag auslösen könnte, ist verboten. Sollte ein Fotograf eine Ausnahmegenehmigung erhalten, so muss er während seiner Tätigkeit stets ein Gasspürgerät bei sich tragen. Wenn sich irgendwo in der Nähe Gas bildet, schlägt es sofort Alarm, dann gilt unverzüglich: Kamera aus! Sicher ist sicher.

Wie im Hotel werden die Arbeiter nach ihrer Ankunft im Foyer des Wohntraktes an einer Rezeption empfangen. Hier arbeitet eine der wenigen Frauen von Mittelplate. Mit verbindlichem Lächeln teilt sie den Neuankömmlingen eine Koje für die nächsten 14 Tage zu. Nichts weiter, als ein Platz zum Schlafen, im zwölfstündigen Wechsel mit einem Kollegen aus der anderen Schicht. Bei zwölf täglichen Arbeitsstunden bleibt nicht viel Raum für Freizeit. Die verbringen die Männer vor DVDs im Fernsehzimmer oder mit Krafttraining im Fitnessraum. Auch einen Billardtisch gibt es. Oben auf dem Helikopterdeck steht eine Plastikliege, die sogar ein bisschen Urlaubsgefühl aufkommen lässt. Von hier schweift der Blick über die Küste, von Cuxhavens Funkturm bis zu Büsums roten Ziegeldächern. Sie liegen so nah, und doch sind sie für die Arbeiter auf Mittelplate die nächsten 14 Tage lang unerreichbar. Hubschrauber kommen nur selten, wer krank ist oder verunglückt, wird mit dem Schiff ins Cuxhavener Krankenhaus gebracht.

Eine einzige Badewanne gibt es auf Mittelplate. Das Leben ist hier nicht gerade luxuriös. Alkohol ist absolut tabu, und wer vom Laster des Rauchens nicht lassen kann, der muss dazu in eine kleine Kammer ausweichen, die sogenannte „Schweinebox".

Eine zehn Kilometer lange Pipeline transportiert das Rohöl von Mittelplate zum Prozessfeld von Friedrichskoog. Sie verläuft in 20 Metern Tiefe unter dem Watt und ist die teuerste Ölleitung der Welt, ihr Bau hat 100 Millionen Euro verschlungen. Doch vor ihrer Fertigstellung musste das Öl über Tankschiffe abtransportiert werden, das war aufwendig und gefährlich. In Friedrichskoog wird das Rohöl von Wasser, Salz und sonstigen Verunreinigungen befreit und dann zur Raffinerie Heide gebracht, wo es weiterverarbeitet wird.

Wer einen sprudelnden Ölstrahl erwartet, wird auf Mittelplate enttäuscht. Hier wird nur eine kleistrige, braune Schlammbrühe gefördert, und die läuft im Verborgenen vor sich hin. Keine rauen Naturburschen, die das schwarze Gold zu bändigen versuchen, sondern disziplinierte Arbeiter. Kein Dreck, nichts Archaisches. Alles ist fast so sauber und ordentlich wie in einem chemischen Labor.

Der moderne Bohrturm, der vor wenigen Jahren auf Mittelplate den alten ersetzte, hat 50 Millionen Euro gekostet. Eine einzige Bohrung damit kostet zehn Millionen Euro. Sein Antrieb hat 10.000 PS und läuft mit kostspieligem Strom. Auch der Staat kassiert über den „Förderzins" kräftig an den Erträgen der Ölplattform mit, pro Jahr bringt ihm das an die 120 Millionen Euro ein, knapp 120 Euro pro geförderter Tonne Öl.

Alles in allem wird ein irrsinniger Aufwand betrieben, um deutsches Öl zu gewinnen. Eine geschätzte Milliarde an Investitionskosten ist bislang in das Projekt geflossen, ein Gutteil davon in Umweltschutzmaßnahmen. Aber es lohnt sich. Selbst, wenn der Ölpreis auf 20 Dollar pro Barrel sinken würde, wäre Mittelplate noch rentabel. Tatsächlich lag der jährliche Gewinn trotz aller Auflagen und Kosten in letzter Zeit stabil bei rund 300 Millionen Euro. Nicht gerade schlecht.

Die Konzession ist inzwischen durch das niedersächsische Landesbergamt bis 2041 verlängert worden, obwohl Umweltschützer dagegen Sturm gelaufen sind. Die DEA konnte ihnen entgegenhalten, dass die Bohrinsel noch nie einen Schaden verursacht hat und sich zudem ein Konsortium um den Umweltschutz im Wattenmeer kümmert. Wollen wir hoffen, dass dies auch so bleibt.

Senfschnitzel mit Steckrübengemüse

Zutaten:

4 Schweineschnitzel
5 El mittelscharfer Senf
250 ml milder Weißwein
200 ml Sahne
1 Steckrübe
4 Kartoffeln
2 Tl Zucker
60 g Butterschmalz
50 g Butter
50 g Mehl
6 Körner Piment
1 Bund Blattpetersilie
Salz, Pfeffer

Zubereitung:

Die Petersilienblättchen abzupfen und fein hacken. Die Hälfte davon mit 4 El Senf verrühren, dabei kräftig pfeffern. Mit einem scharfen Messer Taschen in die Schnitzel schneiden und die Senfmischung darin verteilen. Die Öffnung mit Zahnstochern verschließen und die Schnitzel im Kühlschrank 2 Stunden marinieren.

Die Steckrübe und die Kartoffeln schälen und in kleine Stücke schneiden. Mit etwa 200 ml Wasser in einem Topf aufsetzen, salzen, pfeffern und 1 Tl Zucker hinzugeben. Die Pimentkörner in ein Teeei füllen und ebenfalls hinzugeben. Aufkochen, dann die Hitze reduzieren und eine ¾ Stunde lang köcheln lassen. Eventuell etwas Wasser nachgießen, am Boden des Topfes soll immer eine geringe Menge Flüssigkeit sein.

Die Schnitzel aus dem Kühlschrank nehmen, pfeffern und salzen. In einer Pfanne das Butterschmalz stark erhitzen und die Schnitzel von beiden Seiten kräftig darin anbraten. Dann die Hitze reduzieren und die Schnitzel mit Mehl bestäuben. Kurz weiterbraten lassen, mit dem Weißwein ablöschen. Den restlichen Senf und 1 Tl Zucker einrühren, abdecken und bei schwacher Hitze ½ Stunde lang ziehen lassen. Anschließend 100 ml Sahne zugeben, verrühren, die Sauce kurz aufkochen und mit Salz und Pfeffer abschmecken.

Nach Ablauf der Kochzeit das Teeei aus dem Gemüsetopf entfernen. Die restliche Sahne an das Steckrüben-Kartoffelgemüse gießen und auch die Butter hinzugeben. Mit dem Kartoffelstampfer durchstampfen, vom Herd nehmen und die restliche Petersilie unterheben. Mit je einem Schnitzel auf Tellern anrichten, die Schnitzelsauce über das Fleisch geben und zum Schluss noch etwas Pfeffer über das Gemüse mahlen.

Fräulein mit Machtanspruch – Maria von Jever

Jeden Abend läutet die Glocke von Jever stets zur gleichen Stunde. Es ist eine uralte Glocke, denn sie erklingt schon seit 1540 unermüdlich im Sommer abends um zehn, zur Winterszeit bereits um neun Uhr. Eigentlich war sie 1461 für die Kirche von Eggelingen gegossen worden, doch nach einer Fehde erbeuteten sie die Jeveraner und brachten sie in ihre eigene Stadtkirche. Hier wurde ihr schließlich eine bedeutende Aufgabe zuteil, die sie noch heute verlässlich erfüllt: das Marienläuten. Täglich zur gleichen Zeit schallt der bronzene Klang der Marienglocke durch die Straßen der Stadt, denn er soll dem Fräulein Maria den Weg nach Hause weisen. Dieses Fräulein ist im Jahre 1575 in einem unterirdischen Gang des Jeveraner Schlossparks verschwunden und bis heute nicht zurückgekommen. Das vertraute Glockengeläut soll der armen Verirrten den Rückweg weisen. Denn man hat in Jever die Hoffnung nicht aufgegeben, dass das Fräulein vielleicht doch eines Tages wieder erscheinen möge.

Dieses Fräulein Maria ist von prägender Bedeutung für die Stadt Jever. Tatsächlich ist sie hier allgegenwärtig, sie hat Jever nicht nur zu den Stadtrechten verholfen, sondern auch so nachhaltig beeinflusst, dass es sich bis heute Marienstadt nennt. Und das, obwohl Jever im übrigen Deutschland doch eher mit dem gleichnamigen Bier assoziiert wird.

Maria von Jever wurde im Jahr 1500 geboren, und sie beschritt einen für die Frauen jener Zeit äußerst ungewöhnlichen Lebensweg. Sie war die Tochter von Edo, einem Häuptling der Friesen, und dessen Nachfolger sollte Marias Bruder Christoph werden. Die Eltern starben früh, und Maria erhielt am Hof ihres Onkels in Oldenburg eine angemessene Erziehung, die sie auf ihre spätere Rolle als Ehefrau gehobenen Standes vorbereiten sollte. Doch es kam anders.

Christoph starb plötzlich im Alter von nur 18 Jahren, und es heißt, dass Gift dabei im Spiel gewesen ist. Durch sein Dahinscheiden entstand ein Machtvakuum, das Ränkeschmiede und Intriganten für sich auszunutzen suchten. Denn Jever stellte ein bedeutendes Handelszentrum dar und zudem den Endpunkt eines strategisch wichtigen Heerwegs. Zwar war sein Hafen, der im 10. und 11. Jahrhundert noch kräftig floriert hatte, versandet, und Jever lag inzwischen tief im Binnenland. Doch nicht zuletzt durch geschäftliche Beziehungen zu den Piraten der Vitalienbrüder hatte Jever seinen Reichtum und seine Bedeutung stetig weiter ausbauen können.

Man verschacherte die junge Maria mittels eines Heiratsvertrages an den Sohn des ostfriesischen Grafen Edzard und versuchte so, die Herrschaft über das Jeverland in der Familie zu behalten. Doch die Ostfriesen hielten sich nicht an die Abmachung und besetzten die Burg von Jever. Marias Verlobter heiratete eine andere.

Da trat Boing von Oldersum auf den Plan. Er war ein ostfriesischer Adeliger, und warum er sich überraschend für Maria stark machte, die Besatzer aus der Burg von Jever vertrieb und dem Fräulein dabei half, ihren rechtmäßigen Platz einzunehmen, darüber kann nur spekuliert werden. Es gibt nämlich keinerlei Dokumente. Doch liegt es wohl auf der Hand, dass die beiden sich liebten.

Boing galt aber den Ostfriesen als meineidiger Verräter, eine Eheschließung kam für ihn deshalb nicht in Betracht, solange nicht seine Ehre wiederhergestellt werden konnte. Erst viele Jahre später einigten sich Jever und Ostfriesland nach langen Verhandlungen, was auch die Rehabilitierung Boings bedeutete. Es scheint, dass Maria und er nun tatsächlich eine Hochzeit planten, doch dann kam es zu kriegerischen Scharmützeln, in deren Folge Boing an einer Schussverletzung starb. Maria blieb zeitlebens unverheiratet.

Statt sich in die ihr zugedachte Rolle als Ehefrau und Mutter zu fügen, nahm sie die Geschicke des Jeverlands selbst in die Hand und regierte es mit eisernem Willen und großem Verstand. Es gelang ihr, das Territorium der Stadt durch die Anlage von Neueindeichungen und Sielen auszudehnen. Sie verhalf dem Handel zu neuer Blüte und sorgte durch intensive Rechtspflege für die öffentliche Ordnung. Die Burg von Jever wurde nach ihren Plänen zum Renaissanceschloss umgestaltet. In der Stadtkirche ließ sie nicht nur die Marienglocke aufhängen, sondern auch ein Grabmal für ihren Vater Edo, den alten Friesenhäuptling, errichten. Es ist bis heute erhalten und gilt als bedeutendstes Kunstwerk der Stadt.

Fräulein Maria hat Jever ihren Stempel aufgedrückt wie niemand sonst in der mehr als tausendjährigen Geschichte Jevers. Doch blieb sie kinderlos und hinterließ der Stadt damit nach ihrem Tod erneute Uneinigkeit über die rechtmäßige Herrschaft. Zwar hatte sie testamentarisch einen Nachfolger bestimmt, doch meldeten auch andere Personen ihre Begehrlichkeiten an.

Über Jahrhunderte hinweg blieb die Stadt ein Spielball der Gewalten. Nach den Grafen von Oldenburg herrschte das Haus Anhalt-Zerbst über Jever, und weil Katharina II. von Russland eine Prinzessin dieses Hauses war, fiel Jever 1793 an

Russland. Die Russen traten es an Holland ab, dann eroberten es die Franzosen unter Napoleon. Nach dessen Sturz gehörte es wieder zum russischen Zarenreich, und schließlich gab der Zar es dem Großherzogtum Oldenburg zurück. Erst seit 1939 gehört Jever zum Landkreis Friesland.

Wenn man nun aber ehrlich sein will, muss man wohl einräumen, dass Maria 1575 keineswegs in einem geheimnisvollen Gang verschwunden ist. Sie starb, und man fürchtete eine erneute Machtergreifung durch die verhassten Ostfriesen. Denn der von Maria testamentarisch eingesetzte Erbe Graf Johann VII. von Oldenburg weilte in seiner Heimat. Er musste erst anreisen und seine Macht festigen.

Deshalb wurde Marias Tod vertuscht, um Zeit zu gewinnen. Man schloss ihr Gemach ab und deponierte die Mahlzeiten vor dessen Tür. War die Luft rein, so schlich heimlich ein Diener herbei und aß die Teller leer. Die Täuschung gelang so perfekt, dass bis zum heutigen Tag die Sage geht, Maria werde eines Tages zurückkehren. Nach so vielen Jahrhunderten mag sie die Orientierung verloren haben. Um ihr den Rückweg zu erleichtern, läutet man eben allabendlich die Glocken.

Doch auch hier zeigt sich bei genauerem Hinschauen, dass die romantische Geschichte einen ganz profanen Hintergrund hat. Denn tatsächlich wurde das Läuten von Maria selbst angeordnet. Sie hatte nämlich der guten Ordnung halber eine Polizeistunde in Jever eingeführt, die Glocken ermahnten die Bürger, dass es an der Zeit sei, nun unverzüglich nach Hause zurückzukehren.

Als Jever viele Jahre später unter französischer Besatzung stand, wurde das Läuten von den neuen Machthabern verboten. Doch die Glocken läuteten ganz von alleine zur üblichen Zeit, so heißt es. Alten Mythen wohnt nun einmal ihre eigene Beharrlichkeit inne.

Friesischer Schnippelbohneneintopf

Zutaten für 4 Personen:

600 g Schnippelbohnen
600 g mehlig kochende Kartoffeln
400 g durchwachsener Speck
4 Mettwürstchen
50 g Butter
1 Tl Bohnenkraut
Salz, Pfeffer

Zubereitung:

Die Bohnen waschen, die Stielenden und Fädchen entfernen. In einem Topf Salzwasser zum Kochen bringen und die Bohnen 5 Minuten lang darin kochen, dann durch ein Sieb abgießen, die Bohnen im Sieb beiseitestellen und derweil abtropfen lassen.

Den Speck in Würfel schneiden. Die Butter im Topf auslassen und den Speck darin kräftig anrösten.

Die Bohnen in ca. 3 cm lange Stücke schneiden und zum Speck geben. Mit frischem Wasser aufgießen, sodass die Bohnen gerade eben davon bedeckt sind. Salzen, pfeffern und das Bohnenkraut sowie die Mettwürste hinzugeben. Bei mittlerer Hitze 1 Stunde lang kochen lassen.

Die Kartoffeln schälen und in Würfel schneiden. Nach Ablauf der Stunde zu den Bohnen geben und alles eine weitere Stunde lang kochen lassen. Dabei ab und zu durchrühren. Vor dem Servieren noch einmal mit Salz und Pfeffer abschmecken.

Dazu frisches Graubrot reichen.

Bastion wider den blanken Hans – das Eidersperrwerk

Der blanke Hans ist der Albtraum der Menschen an der Nordsee. Gekrönt von weißer Gischt bricht er mit Sturmfluten über das Land herein, und die tobende Nordsee verschlingt es ohne Erbarmen mit Mann und Maus. Der Menschen größtes Bestreben ist es deshalb, sich dem blanken Hans entgegenzustellen. Wir haben ja schon viel darüber gehört.

Seit rund 1.000 Jahren versuchen die Nordseeanrainer, sich vor der Flut zu schützen. Zunächst schütteten sie die Verbindungswege zwischen ihren auf Warften liegenden Wohnstätten zu Dämmen auf, dann zogen sie Wälle um die Felder. Schließlich begannen sie mit der Errichtung zunächst noch niedriger Deiche. Über die Jahrhunderte hinweg lernten sie hinzu, sie studierten die Wirkung von Wind und Wellen auf die Schutzwälle und verbesserten deren Form immer mehr.

Doch auch der beste Küstendeich hilft im Bereich der Flussmündungen nicht weiter, denn die Sturmflut drückt das Wasser mit voller Gewalt in den Flusslauf hinein. Die Eindeichungen der Flussufer sind äußerst aufwendig, sie müssen viele Kilometer weit ins Hinterland ausgebaut werden.

Beim Städtchen Tönning mündet die Eider in die Nordsee, der längste Fluss Schleswig-Holsteins. Die Flussdeiche der Eider führten 60 Kilometer weit ins Landesinnere, aber sie boten dennoch keine ausreichende Sicherheit. Schon lange hatte man überlegt, wie man diesen Schwachpunkt besser sichern könnte. Als dann die verheerende Sturmflut von 1962 auch Tönning erfasste, entschloss man sich zum Bau eines Sperrwerks. Es sollte die gigantischste Befestigung im deutschen Küstenschutz werden.

Das Eidersperrwerk besteht aus mehreren Einzelbauten, die durch komplexes Zusammenspiel eine wirkungsvolle Barriere zwischen Nordsee und Eiderwasser schaffen. Das Jahrhundertbauwerk wurde im März 1973 fertiggestellt und in Betrieb genommen. Zusammen mit dem zugehörigen Deich ist es fast fünf Kilometer lang und ragt 8,5 Meter über Normalnull empor. Fünf gigantische Sieltore mit jeweils 40 Metern Länge und einem Gewicht von 250 Tonnen lassen das Wasser der Eider bei Ebbe in die Nordsee fließen, bei Flut dringt das Nordseewasser in umgekehrter Richtung ein Stück weit in die Eider ein. Um der Verschlickung der Eider entgegenzuwirken, staut man ihr Wasser bei Ebbe erst einmal an und lässt es dann mit großem Schwung kraftvoll in Richtung Nordsee abfließen. Die Sedimente werden dabei mitgerissen, der Flusslauf bleibt frei.

Eine 75 Meter lange Schleuse sorgt dafür, dass Schiffe zwischen Tönning und Nordsee verkehren können. Im Inneren des Sperrwerks verläuft außerdem die Verbindungsstraße zwischen Dithmarschen und Eiderstedt durch einen 236 Meter langen Tunnel, über die Schleuse führt eine Klappbrücke hinweg. Droht eine Sturmflut, werden alle Tore des Sperrwerks geschlossen. Das Eiderland ist in Sicherheit.

Dieses Wunderwerk der Ingenieurskunst ist natürlich auch eine Touristenattraktion. Vom Fußgängerweg, der sich in luftiger Höhe auf dem Kamm des Sperrwerks befindet, hat man einen Panoramablick über die mächtige Flutwehranlage, die Nordsee, das Marschland und den kleinen Krabbenfischer-

Hafen neben der Abdämmung. In den Sommermonaten werden Führungen angeboten.

Doch leider hat der gewaltige Eingriff in die natürlichen Gegebenheiten auch negative Auswirkungen auf die Umwelt im Eiderland. Große Bereiche von Salzwiesen und Wattflächen gingen verloren. Die Absenkung des Grundwasserspiegels brachte weitere problematische Auswirkungen auf die Tier- und Pflanzenwelt mit sich. Das Flussbett der Eider wurde schmaler, die Fließgeschwindigkeit dadurch höher. Flachwasserbewohner wie Herzmuscheln oder Wattwürmer mussten weichen. Auch für das Sperrwerk selbst erwachsen daraus Nachteile, es ergeben sich erhebliche Folgekosten für die Beseitigung von „Auskolkungen", also Unterspülungen des Sperrwerks.

Um einen Ausgleich für die Eingriffe in das Ökosystem der Flussmündung zu schaffen, richtete man das Naturschutzgebiet Kattinger Watt auf der Eiderstedter Seite des Flusses ein. Es ist ein wichtiger Lebensraum für zahlreiche Vogelarten, von Kiebitz bis Teichralle, von Kuckuck bis Seeadler.

Außerdem dient es vielen Zugvögeln als Zwischenstation, hier rasten Singschwäne und Pfeifenten, Nonnengänse oder Goldregenpfeifer. Im Bereich des Sperrwerks brütet außerdem eine riesige Kolonie von Küstenseeschwalben. Zu den Vögeln gesellen sich Fledermäuse, Hasen, Rehe und Wildschweine. Im vorgelagerten Watt tauchen Seehunde auf, sogar Schweinswale lassen sich gelegentlich im Bereich der Eidermündung blicken. Auf der anderen Flussseite wurde das Naturschutzgebiet Dithmarscher Eiderwatt eingerichtet. Hier brüten rund 35 verschiedene Vogelarten.

Neben den trotz aller Naturschutzmaßnahmen unbestreitbaren ökologischen Folgen hat das Eidersperrwerk auch den Charakter der Region verändert. Vor dessen Fertigstellung war

Tönning eine bunte Hafenstadt mit lebhaftem Betrieb. Krabbenkutter prägten ihr Bild, doch die sind zum neuen Hafen am Sperrwerk abgewandert. Durch die Zähmung der Eider haben sich die Fanggründe nämlich weiter seewärts verlagert, die Fahrt von Tönning aus ist zu weit geworden. Statt aktiver Fischerei bestimmen nun Sommergäste und Restaurants das Bild des Hafens von Tönning.

Doch zumindest muss niemand mehr Angst vor Sturmfluten haben. Aber wieso nennt man die eigentlich „blanker Hans"?

Man glaubt, dass das Wort „blank" vom Niederländischen abzuleiten ist und „weiß" bedeutet. Damit sind die Schaumkronen auf der Gischt gemeint. Aber warum „Hans"? Es ist dokumentiert, dass der Deichgraf von Risum im 17. Jahrhundert nach Fertigstellung eines neuen Deichs der Nordsee wütend „Trutz nun, blanker Hans!" entgegengerufen haben soll. Aber warum er das tat, ist nicht überliefert. Ob er vielleicht einen realen Hans kannte, den er nicht ausstehen konnte?

Wer dem Blanken Hans auf die Schliche kommen will, der sollte die „Sturmflutenwelt" gleichen Namens in Büsum besuchen. Hier wird die Erfahrung der Naturgewalt am Beispiel der Flut von 1962 für alle Sinne in Szene gesetzt, abgerundet mit Informationen über Küstenschutz, Deichbau, Gezeiten, Klima und historische Sturmfluten an der Nordsee.

Büsumer Eierpunsch

Zutaten für vier Personen:

8 cl Rum (40 %)
4 Eier
8 cl Wasser
1 Pck. Vanillezucker
2 El brauner Kandiszucker
Salz

Zubereitung:

Die Eier in Eiweiß und Eigelb trennen. Die Eiweiß mit dem Vanillezucker und 1 Prise Salz sehr steif schlagen, dann die Eigelb verquirlen und vorsichtig unterheben.

Das Wasser aufkochen, den Rum erwärmen, aber nicht kochen. Beides in einer Kanne miteinander vermischen.

In vier Becher jeweils ½ El Kandiszucker geben und die Rumlösung gleichmäßig darüber verteilen. Dann vorsichtig die Eiermasse obenaufgeben und kurz umrühren.

Eala Frya Fresana, lever dood as Slaav! – Die Freiheit der Friesen

Einst geriet Karl der Große in arge Bedrängnis. Die Bewohner Roms waren aufständisch und Karls Mannen versuchten vergeblich, sie zu unterwerfen. Da machte sich aus dem fernen Norden ein tapferer Kerl auf den Weg nach Rom, ein Friese, begleitet von seinen entschlossenen Weggefährten, und sie wiesen die widerspenstigen Römer energisch in ihre Schranken. Kaiser Karl war schwer beeindruckt. Damit hatte er nicht gerechnet!

Im Überschwang seiner Begeisterung schenkte Karl der Große dem Friesen und seinen Leuten zur Belohnung das höchste Gut der damaligen Zeit: Freiheit. Und nicht nur die Krieger, das ganze Volk der Friesen genoss seit jener Zeit seine Unabhängigkeit. Es war allein dem Kaiser untertan, sonst niemandem.

So weiß es eine alte Sage. Die Historiker haben die schöne Geschichte allerdings ins Reich der Mythologie verwiesen. Tatsächlich fußt die Friesische Freiheit wohl auf einer Entscheidung Karls des Dicken, getroffen nach einem Sieg über die Normannen im Jahr 885. Aber wie dem auch sei, ob es nun ein Karl war, dessen Titel in die Höhe verwies oder vielmehr in die Breite, Tatsache ist, dass die Friesen bereits seit dem Mittelalter den Stand freie Leute genossen. Sie folgten keinem Heer und unterwarfen sich keinem Feudalsystem.

Am Upstalsboom, einem frühmittelalterlichen Grabhügel bei Aurich im Herzen Ostfrieslands, kamen die Abgesandten der „Sieben Seelande“ zusammen. Diese bestanden aus den friesischen Gemeinden vom Nordwesten der Niederlande über Ostfriesland bis hin zum Land Wursten nördlich von Bremerhaven. Die Delegierten fassten Beschlüsse, regelten ihr Zusammenleben und verabschiedeten Gesetze. Aus den autonomen Gemeinden heraus entstanden im 14. Jahrhundert sogenannte „Häuptlingsherrlichkeiten“ unter Oberhoheit der stolzen Häuptlinge des unbeugsamen Volks. Ihr Motto lautete: „Lever dood as Slaav“ – „Lieber tot als Sklave“.

Das Ordnungssystem der Friesen wies durchaus Grundzüge einer demokratischen Selbstverwaltung auf, bezogen auf die Genossenschaften von Familien und Dorfgemeinschaften. In dieser Zeit prägte sich das friesische Nationalbewusstsein aus. Es wurzelt auf dem Selbstbewusstsein, das aus der Friesischen Freiheit erwuchs.

Doch Nutznießer dieser Freiheit waren nur die Bauern, die über Landbesitz verfügten. Zwar mussten sich diese Bauern keiner Obrigkeit beugen, doch benahmen sie sich selbst wie Adelsherren. Die einfachen Landarbeiter unterlagen dabei zwar nicht der Hörigkeit, wohl aber dem Mutwillen ihrer Gutsherren. So kam es, dass wenige reiche Bauern vielen besitzlosen Arbeitskräften gegenüberstanden. Verdarb es sich einer mit seiner Herrschaft, so konnte er sein Bündel packen und gehen. Das kam fast einem Todesurteil gleich, wer nicht bald eine neue Anstellung fand, der verhungerte spätestens im nächsten Winter.

Die Arbeiter hausten in den Ställen neben den Kühen, während die Bauersleute in bequemen Wohnhäusern lebten. Die Nahrungsrationen wurden streng zugeteilt, und die Arbeit war hart. Verständlich, dass sich unter diesen Bedingungen Landlose dazu hinreißen ließen, ins Moor zu ziehen und sich den Plagen und Gefahren der Moorkolonisierung auszusetzen. So hatten sie wenigstens Hoffnung auf eigenes Land und die langfristige Besserung der Lebensumstände. Zunächst jedoch standen ihnen bittere Armut, Knochenarbeit und räumliche Enge bevor. Familien drängten sich in engsten Hütten zusammen. Epidemien rafften die geschwächten und schlecht ernährten Moorkolonisten und besonders deren Kinder dahin.

Das Ende der Friesischen Freiheit kam mit der beginnenden Neuzeit. Der spätere Kaiser Maximilian I. gab 1489 Friesland und Dithmarschen im Tausch gegen ein Darlehen über 300.000 Gilden an den Herzog von Sachsen, obwohl die beiden Länder gar nicht unter seiner Hoheit standen. Vielmehr musste er sie erst erobern. In der Folge entstand Chaos. Territorialfürsten unterwarfen friesische Gebiete und führten Feudalstaaten ein, daraus resultierten politische Zersplitterung, Abhängigkeit und kriegerische Unruhen. Die „Sächsische Fehde“ zwischen dem ostfriesischen Grafen Edzard I. und Georg von Sachsen überzog schließlich Ostfriesland mit einem grausamen Krieg, durch den ganze Landstriche zerstört wurden. Karl V. sprach am Ende ein Machtwort, doch die Friesische Freiheit war dahin. In der Konsequenz wurden der niederländische und der deutsche Teil Frieslands voneinander getrennt, es kam zur politischen Neuordnung. Alte friesische Regeln und Gebräuche blieben allerdings in den regionalen Rechtsordnungen noch lange erhalten.

Doch der Gedanke der Friesischen Freiheit ist nie ganz gestorben. Mit der Zeit machten sich auch die Nordfriesen dieses Idealbild zu eigen. Bei ihnen heißt der Wahlspruch seit dem 19. Jahrhundert „Liewer düd aß Slaawe“, also ebenfalls „Lieber tot als Sklave“. Er wurde mit Verspätung ihr symbolisches Motto für den Widerstand gegen die dänische Herrschaft zur Zeit des Mittelalters, idealisiert und romantisiert durch den Dichter Detlev von Liliencron mit seiner Ballade vom Sylter Fischer Pidder Lüng.

Dieser Pidder verweigert die Zahlung von Abgaben an den Amtmann von Tondern mit dem Verweis auf die gewohnheitsrechtliche Freiheit der Friesen, und jede Strophe des Gedichts endet mit der Parole „Liewer düd aß Slaawe". Doch auch Pidders Renitenz endet, und zwar bitter. Der Amtmann spuckt in Pidders Grünkohltopf, Pidder erstickt ihn daraufhin im heißen Kohl, die Leute des Amtmanns erstechen Pidder und rächen sich danach auch noch blutig an der Bevölkerung von Sylt. Der Preis der Freiheit ist mitunter hoch.

Ostfriesentorte

Zutaten:

200 g Mehl
1 Tl Backpulver
80 g Butter (zimmerwarm)
750 g Magerquark
500 ml Sahne
15 Blatt weiße Gelatine
250 ml Sinbohntjesopp (s. S. 130) und 1 gute Handvoll Rosinen daraus
200 g Zucker
1 Ei
60 g Erdbeermarmelade
30 g Haselnusskrokant
Salz
Butter zum Einfetten

Zubereitung:

Mehl, Backpulver, 1 Prise Salz und 50 g Zucker in einer Schüssel mischen, die in Stücke geschnittene Butter sowie das Ei dazugeben. Zu einem glatten Teig verkneten, dann fest in Frischhaltefolie wickeln und 2 Stunden in den Kühlschrank legen. Anschließend eine Springform mit Butter einfetten, den Teig auf dem Boden verteilen und mehrfach mit der Gabel einstechen. Im vorgeheizten Backofen 10 Minuten bei 200°C backen, 5 Minuten ruhen lassen, dann aus der Form nehmen und auf einem Rost abkühlen lassen.

Die Gelatine nach Anleitung in Wasser auflösen. Die Sinbohntjesopp, die Rosinen (ein paar davon zum Verzieren auf Seite legen) und den Quark mit dem restlichen Zucker in einer Schüssel vermengen und die aufgelöste Gelatine unterrühren. Die Sahne steif schlagen und vorsichtig unterheben.

Den Mürbeteigboden zurück in die Springform geben und mit der Marmelade bestreichen. Danach die Quarkmasse darauf verteilen und die Torte mindestens 3 Stunden lang im Kühlschrank fest werden lassen.

Vor dem Servieren mit den restlichen Rumrosinen und dem Haselnusskrokant verzieren.

Moin Moin! – Gedanken über den Friesengruß

Letztens habe ich mal wieder meine Freundin Doortje besucht. Zur Begrüßung habe ich ihr ein beherztes „Moin Moin“ entgegengeworfen, denn ich kenne mich ja aus und weiß, wie man das in Ostfriesland macht. Abgesehen davon ist „Moin Moin“ in den letzten Jahren ohnehin deutschlandweit populär geworden. Außer in Bayern, versteht sich. Dort bleibt „Grüß Gott“ natürlich unersetzlich.

Doortje reagierte mit einem irritierten Stirnrunzeln auf meine Begrüßung. Warum ich denn so überschwänglich sei, meinte sie kopfschüttelnd. Als sie meine Verwirrung registrierte, musste sie lachen. Man sage in Ostfriesland nicht „Moin Moin“, erklärte sie mir dann. Das sei doch viel zu geschwätzig. Ein schlichtes, trockenes „Moin“ reiche vollauf. Als Erwiderung gibt es dann ebenfalls ein „Moin“. Es sei denn, man wolle den anderen zum Klönschnack einladen. Dann dürfe man durchaus „Moin Moin“ sagen. Sonst nicht. Allenfalls zu einem besonderen Anlass. Wenn man sich außerordentlich freut, weil man einen hochgeschätzten Menschen nach langer Zeit endlich wiedersieht, zum Beispiel. Aber wir hätten doch gerade erst vor ein paar Tagen zusammen Tee getrunken. „Moin“ also, und basta. Ich atmete tief durch. Verstehe einer die Ostfriesen...

Dabei ist die Begrüßung „Moin“ überhaupt nicht spezifisch ostfriesisch, sie ist nicht einmal den Norddeutschen vorbehalten. Tatsächlich ist „Moin“ erst seit 1924 in Ostfriesland nachweisbar, da taucht das Wort in einem Haushaltskalender auf. Im angrenzenden Ammerland war der Gruß zu der Zeit schon längst dokumentiert. Und schon vier Jahre zuvor hatten die Dänen ein Verbot des Grußes in Nordschleswig gefordert. Das war nämlich gerade an sie abgetreten worden, und dort war der Gruß bereits seit der Jahrhundertwende verbreitet. Angeblich aus Berlin importiert, wo man sich seit noch längerer Zeit bloß mit einem einfachen „Moin“ begrüßte.

Damals sagte man in Teilen der Schweiz schon längst „Moin“, eine Sitte, die später allerdings wieder aus der Mode kam. Doch auch in Luxemburg war der Gruß gebräuchlich, dort sagt man noch heute „Moien“.

Ihren großen Siegeszug durch Nordwestdeutschland startete die Grußfloskel ohnehin erst in den Siebzigerjahren des letzten Jahrhunderts. Gleichzeitig fand sie erstmals unabhängig von der Tageszeit Verwendung, „Moin“ am Morgen, „Moin“ am Mittag, zur Abendstunde oder mitten in der Nacht.

Zur Popularität und zum Bekanntwerden des Grußes weit über die Grenzen Nordwestdeutschlands hinaus trug vermutlich die Comicfigur „Werner“ nicht unwesentlich bei, die mit Lokalkolorit, Fäkalhumor und in Katastrophen mündenden Exzessen seit Beginn der Achtzigerjahre einen Riesenerfolg feierte. Und selbstverständlich grüßt Werner stets mit einem gelangweilten „Moin“.

Endgültig geadelt wurde der Gruß, als er 2004 nach zähem Ringen endlich Einzug in den Duden hielt. Dies sei gerechtfertigt, da „Moin“ beziehungsweise „Moin Moin“ inzwischen bundesweite Verbreitung erlangt habe, so begründete der Duden seinen mutigen Schritt. Der Duden spricht den Ostfriesen die Wortschöpfung zu und übersetzt sie mit „hallo“. Aber damit allein begnügt man sich in der Dudenredaktion natürlich nicht, das Wort muss vielmehr auch etymologisch erklärt werden. Deshalb führt der Duden noch knapp an, es stamme vom ostfriesischen „mōi“ ab und bedeute ursprünglich so viel wie „angenehm“, „gut“ oder auch „schön“. Eigentlich, so wird es in Ostfriesland mitunter behauptet, ist die Grußformel nichts anderes als die Verkürzung des ursprünglichen plattdeutschen „Moi'n Dag“ – „Guten Tag“. Begrüßen wir uns also mit „Guten Guten“?

Gegen diese Erklärung sprich allerdings, dass „Moin“ zumindest in Berlin und im Ammerland schon früher als in Ostfriesland verbreitet war und deshalb eventuell doch nicht ostfriesischen Ursprungs ist. Die Verdoppelung zu „Moin Moin“ ist in Berlin sogar schon 1828 dokumentiert.

Es gibt noch einen anderen Deutungsversuch, der im allgemeinen Sprachgefühl naheliegender zu sein scheint. Danach soll der Zuruf um die vorletzte Jahrhundertwende herum aus der verbalen Verknappung des soldatischen Begrüßungssaluts „Morgen!“ entstanden sein. Vielleicht durch morgendliche Mundfaulheit begünstigt, wurden die Silben dabei zu einem knappen „Moin“ abgeschliffen. Soldaten könnten es auch gewesen sein, die am Import des Grußes nach Schleswig-Holstein und in die Region von Ostfriesland wesentlich beteiligt waren.

Wie dem auch sei, das schnörkellose „Moin“ hat sich zu einem wahren Universaltalent gemausert. Man verwendet es nicht nur am Morgen, sondern zu jeder Tageszeit, in Norddeutschland dient es sogar als Abschiedsgruß und manchmal auch als Trinkspruch. Mit „Moin“ begrüßt man sich bei der Deutschen Marine und in der Führungsebene der deutschen Wirtschaft. Politiker rufen es sich genauso zu wie Jugendliche auf dem Schulhof oder Nachbarn am Gartenzaun. „Moin" geht eigentlich immer. Björn Engholm hat es im Überschwang der Begeisterung sogar mal „die genialste Wortschöpfung aller Zeiten" genannt.

Doch offensichtlich lassen sich mit dem knappen Gruß auch noch ganz andere wichtige Botschaften verbinden. Ich werde mir also merken, dass ich mit der Verdoppelung zu „Moin Moin" Gesprächsbereitschaft oder besondere Freude zum Ausdruck bringe, eventuell aber auch Gefahr laufe, mich als Quasselstrippe zu outen.

Scholle mit Speckstippe und Kartoffelsalat

Zutaten für 4 Personen:

4 küchenfertige Schollen
600 g festkochende Kartoffeln
200 ml Gemüsebrühe
150 g durchwachsener Speck (gewürfelt)
4 Zwiebeln
60 g Butterschmalz
60 g Butter
100 g Mehl
1 Zitrone
1 Bund Radieschen
1 Bund Frühlingszwiebeln
1 Bund Blattpetersilie
1 Kästchen Kresse
2 El Senf
40 ml Apfelessig
Speiseöl
Salz, Pfeffer

Zubereitung:

Die Kartoffeln in der Schale garen, dann pellen, abkühlen lassen und in nicht zu dünne Scheiben schneiden. Die Gemüsebrühe erhitzen, Essig, 4 El Speiseöl, den Senf sowie Salz und Pfeffer daruntermischen und anschließend alles über die Kartoffeln gießen. Abgedeckt mindestens 1 Stunde lang durchziehen lassen.

Die Zwiebeln schälen und würfeln. In einer Pfanne die Butter schmelzen und den Speck zusammen mit den Zwiebeln darin bei mittlerer Hitze 15 Minuten lang dünsten, danach warm halten.

Die Zitrone auspressen. Die Schollen waschen und trockentupfen, mit dem Zitronensaft beträufeln, salzen, pfeffern und von beiden Seiten im Mehl wälzen. Das Butterschmalz in einer Pfanne erhitzen und die Schollen darin von beiden Seiten je eine Minute lang kräftig anbraten. Dann auf ein mit Speiseöl eingefettetes Backblech legen und im vorgeheizten Backofen bei 180°C 10 Minuten lang backen.

Die Radieschen und die Frühlingszwiebeln putzen, waschen und in Scheiben schneiden. Die Kresse vom Beet abschneiden. Die Petersilienblättchen abzupfen, fein hacken und die Hälfte davon beiseitestellen. Den Rest zusammen mit Radieschen, Kresse und Frühlingszwiebeln unter den Kartoffelsalat heben.

Anschließend den Salat und die Schollen auf Tellern anrichten, die Speckstippe auf den Schollen verteilen und die zuvor beiseitegestellte Petersilie darüberstreuen. Sofort servieren.

Pisa ist längst aus dem Rennen! – Der schiefe Turm von Suurhusen

„Tja", meinte Doortje triumphierend und wandte sich zu mir um, „da hast du gemeint, du müsstest nach Pisa fahren, um einen schiefen Turm zu sehen. Dabei ist der Schiefe Turm von Pisa ein armes Waisenkind gegen das, was wir Ostfriesen zu bieten haben!" Tatsächlich. Der Kirchturm des ostfriesischen Dörfleins Suurhusen ragt mit deutlicher Schlagseite über die Baumwipfel empor. Was ist geschehen?

Suurhusen ist eine alte Siedlung in den Krummhörn bei Emden. Diese Landschaft liegt im äußersten Westen Ostfrieslands und wartet mit einigen von dessen reizvollsten Attraktionen auf. Hier liegen das zauberhafte Fischerstädtchen Greetsiel mit seinen historischen Häusern und den malerischen Zwillingsmühlen, der fotogene Leuchtturm von Pilsum und zahlreiche andere Hochburgen der Ostfriesland-Romantik. Das Land ist von Kanälen durchzogen, damit sind die ostfriesischen Fehnen, in denen Torf abgebaut wurde, mit den Hafenstädten verbunden.

Es ist ein feuchtes Marschland, und weil dessen Untergrund naturgemäß ziemlich weich ist, hatte man die kleine Kirche von Suurhusen im 13. Jahrhundert als schlichten Backsteinbau ohne Turm erbaut. Denn die breiten und mächtigen Kirchtürme, die in der Region typisch sind, belasten den Untergrund mit einem nicht unerheblichen Gewicht.

Aber eine Kirche ohne Turm ist wie Ostern ohne Eier. So zerbrachen sich die Gemeindemitglieder 200 Jahre lang den Kopf auf der Suche nach einer Lösung ihres Problems. Dann entschieden sie sich dafür, ein solides Fundament aus Eichenstämmen in den Moorboden zu treiben. Das sollte wohl halten, und sie hatten recht. Der schließlich im Jahr 1450 errichtete Kirchturm stand wie eine Eins.

Er stand sogar ganze 400 Jahre lang absolut mustergültig gerade. Doch dann, eines schönen Tages, als der Pfarrer vom Besuch bei Gemeindemitgliedern zurückkehrte, blieb er stehen und starrte seinen Kirchturm an. Er legte den Kopf schief und runzelte die Stirn. Da stimmte doch etwas nicht!

Der Turm hatte begonnen, sich zur Seite zu neigen. Zunächst war die Schieflage kaum feststellbar, doch 1925 betrug der Überhang schon 113 Zentimeter. Wie konnte das passieren?

Die Eichenstämme hatten so lange sicheren Stand geboten, bis durch Trockenlegungen im Sumpf der Grundwasserspiegel abzusinken begann. Waren sie im feuchten Boden noch gut konserviert gewesen, so begannen sie nun zu trocknen und unter der Lufteinwirkung zu modern. Das vormals feste Fundament gab langsam nach. Der Turm wurde schief.

Erneut begann die Grübelei unter den Gemeindemitgliedern. Wie könnte man dem weiteren Dahinsinken Einhalt gebieten? Sie entfernten als Sofortmaßnahme den schweren, zwölf Meter hohen Dachreiter, doch es half nichts. Der Turm neigte sich immer weiter.

So blieb keine andere Wahl, als die Kirche 1975 für die Öffentlichkeit zu sperren. Der Überhang hatte sich inzwischen auf 216 Zentimeter fast verdoppelt, zu groß war die Gefahr eines Einsturzes geworden. Man verkaufte die Orgel und vernagelte die Kirchenpforte.

Aber dieser Zustand erregte Unmut unter den Gläubigen. So gründete sich in den Achtzigerjahren eine private Initiative aus rüstigen Suurhuser Rentnern und nahm die Angelegenheit selbst in die Hand. Wenn man in Pisa Maßnahmen gegen den Einsturz des Schiefen Turms ergreifen konnte, dann doch wohl auch in Suurhusen! Ehrenamtliche Arbeitskräfte und eine Spezialfirma machten die Turmrettung zu ihrer Sache. Das Fundament wurde freigelegt, Stahlträger am Turm angebracht und Beton in den Untergrund eingespritzt. Mit einem großen Festgottesdienst weihten die Suurhuser ihre Kirche 1985 erneut ein. Doch sie hatten sich zu früh gefreut. Der Turm neigte sich weiter.

Erst zehn Jahre später gelang es, ihn mithilfe eines Stahlkorsetts so weit zu stabilisieren, dass sein Absinken seitdem offiziell als aufgehalten gilt.

Aber nicht nur wegen dieser Leistung sind die Suurhuser stolz auf ihren schiefen Turm. Nein, weit bedeutungsvoller ist, dass der Suurhuser Turm mit seinem Neigungswinkel dem Schiefen Turm von Pisa den Rang abgelaufen hat. Seit man den Turm von Pisa ein Stück weit wiederaufgerichtet hat, um das drohende Unheil des Einsturzes von ihm abzuwenden, beträgt sein Neigungswinkel nur noch 3,97 Grad. Darüber kann man in Suurhusen nur spöttisch lächeln, denn der Suurhuser Turm bringt es auf stolze 5,19 Grad. Sein Überhang am Dachfirst beträgt heute bei einer Höhe von knapp 30 Metern ganze 247 Zentimeter. Damit ist er zwar nur halb so hoch wie sein toskanischer Konkurrent, aber deutlich schiefer. Er ist sogar der schiefste Turm der Welt und hat es zu einem Eintrag ins Guinness-Buch der Rekorde gebracht. Der Wolkenkratzer Capital Gate in Abu Dhabi hat zwar einen noch stolzeren Neigungswinkel von satten 18 Grad, aber der zählt nicht mit. Er wurde nämlich absichtlich so gebaut.

So kommt es, dass jedes Jahr mehr als 10.000 Touristen in das 1.200-Seelen-Dorf Suurhusen pilgern, um den schiefen Turm zu bewundern. Gottesdienste finden in der kleinen Kirche allerdings nur noch zu besonderen Anlässen statt.

Und es bleibt spannend. Allen anderslautenden Beteuerungen zum Trotz hatte sich nämlich der Überhang bis 2009 um weitere fünf Zentimeter vergrößert. Seitdem scheint der Turm stabil zu sein. Studenten der Universität Magdeburg überprüfen das regelmäßig. Aber wie lange wird er bei diesem Neigungswinkel noch halten? Also nichts wie hin, so lange der Turm noch steht!

Ostfriesische Klütje – Hefekloß mit Birnensauce

Zutaten für 4 Personen:

500 g Mehl
250 ml Milch
1 Würfel Hefe
1 Ei
80 g Butter (zimmerwarm)
150 g Zucker
100 ml milder Weißwein
4 Birnen
50 g Rosinen
1 Pck. Vanillezucker
Saft von ½ Zitrone
Salz

Zubereitung:

Die Milch erwärmen und mit der Butter, 80 g Zucker und 1 Prise Salz in eine Schüssel geben. Die Hefe hineinbröckeln und auflösen. Nun das Mehl und das das Ei beigeben und alles zu einem glatten Teig verarbeiten. Abgedeckt an einem warmen Ort ½ Stunde lang gehen lassen. Dann noch einmal durchkneten und zu einer Kugel formen. Diese Kugel in ein Geschirrtuch einbinden und am Deckel eines hohen Topfes befestigen.

In dem Topf Wasser zum Kochen bringen und den Deckel mit dem Teig darübersetzen. Der Teig darf unter keinen Umständen das Wasser berühren. Er muss 45 Minuten im Wasserdampf garen. Aufpassen, dass das Wasser nicht verkocht, gegebenenfalls nachgießen.

Die Birnen schälen, entkernen und würfeln. Mit dem Weißwein, dem restlichen Zucker und dem Vanillezucker zum Kochen bringen, die Hitze reduzieren und 20 Minuten im offenen Topf köcheln lassen. Dann den Zitronensaft und die Rosinen untermischen. Die Birnensauce als Stipp zum warmen Klütje servieren.

Dazu passen auch zerlassene Butter, Sirup oder Vanillesauce.

Krokuspokus – das Blütenwunder von Husum

Monatelang hat der Winter düster und bleischwer über dem Land gehangen. Stürme, Regen, Nebel, Graupel, Schnee und aschegraue Wolken haben die Seele getrübt, wie sehnt man sich nun nach dem Frühling! Ach, wäre es doch endlich soweit! Was ist schöner, als der verheißungsvolle Anblick seiner allerersten Vorboten? Wenn die zarten Schneeglöckchen und Krokusse endlich ihr frisches Grün zaghaft aus dem wintertoten Boden strecken!

Husum wartet mit einem ganz besonderen Wunder auf. Denn hier vertreibt den Winter nichts Geringeres als eine spektakuläre lila Explosion. Alljährlich zwischen Mitte und Ende März erwacht der Schlosspark der nordfriesischen Stadt zu einem wahren Blütenmärchen. Für wenige kostbare Tage wird er von einem sagenhaften Teppich aus Unmengen von lila Krokussen verzaubert. Man schätzt, dass es fünf Millionen Pflänzchen sind, die unter den noch kahlen Bäumen eine Fläche von 50.000 Quadratmetern bedecken. Dieses wildwachsende Blütenmeer ist beispiellos, es existiert in ganz Nordeuropa einzig und allein hier im Husumer Schlosspark. Und es besteht aus einer ganz besonderen Krokussorte, dem Crocus napolitanus, der – wie der Name schon vermuten lässt – eigentlich in südlichen Gefilden beheimatet ist. Was hat die filigranen Knollengewächse so weit in den Norden verschlagen?

Tatsache ist, dass man es nicht weiß. Es gibt verschiedene Geschichten, die den Ursprung der lila Pracht zu deuten versuchen. Es könnten Mönche gewesen sein, denn einst befand sich ein Franziskanerkloster dort, wo heute das Husumer Schloss steht. Zwar wurden sie landläufig als „graue Mönche" bezeichnet, dennoch legten sie mitunter durchaus Wert auf Farbe. Denn die liturgischen Gewänder wurden mit dem begehrten Safran leuchtend goldgelb eingefärbt. Safran war schwer zu bekommen und vor allem unglaublich teuer. Er war so wertvoll, dass man ihn zeitweise sogar als Zahlungsmittel einsetzte. Kein Wunder, denn Safran besteht aus den winzigen Stempelfädchen im Kelch der Krokusblüte und muss mühsam von Hand eingesammelt werden. Dabei braucht man bis zu 200.000 einzelne Blüten, um nur ein Kilo davon zu erhalten.

Deshalb kam – vielleicht – ein schlauer Klosterbruder auf den Gedanken, alle diesbezüglichen Engpässe vom Tisch zu wischen und kurzerhand selbst in die Safranproduktion einzusteigen. Er besorgte sich ein paar Krokusknollen und pflanzte sie im Klostergarten ein. Das klingt plausibel, denn der Klostergarten befand sich seinerzeit genau da, wo heute die Millionen von Krokussen blühen.

Es gibt aber noch eine andere Theorie. Rund zweihundert Jahre nach den Mönchen residierte im 17. Jahrhundert eine Herzogin an diesem Ort, wo das Kloster mittlerweile zum Schloss mutiert war. In der Zwischenzeit war nämlich die Reformation durchs Land gezogen und hatte zur Auflösung des Klosters geführt. Die Herzogin war Witwe und verfügte deshalb über sehr viel Zeit. Die vertrieb sie sich, indem sie Künstler und Kulturschaffende an ihren Hof einlud. Natürlich wollte sie denen auch etwas bieten.

So entwickelte sie selbst eine besondere Kunstfertigkeit, sie wurde eine vorzügliche Zuckerbäckerin. Und wie wir alle seit

Kindertagen wissen, macht Safran den Kuchen gehl. Weil die Dame nun ununterbrochen damit beschäftigt war, die köstlichsten Torten herzustellen, benötigte sie auch jede Menge von dem teuren Zeug. Deshalb ließ sie es – vielleicht – kurzerhand im Schlossgarten anpflanzen.

Wie es auch gewesen sein mag, womöglich wird man es nie erfahren. Nur eins ist gewiss: Für den hoffnungsvollen Safranzüchter der Vergangenheit ist die Sache dumm gelaufen. Er hat seinerzeit bestimmt viel Geld für die seltenen Krokusknöllchen hinblättern müssen, doch er wurde über den Tisch gezogen. Denn aus dem Crocus napolitanus lässt sich kein Safran gewinnen. Um Safran ernten zu können, benötigt man eine ganz andere Sorte, den heiklen Crocus sativus. Und der blüht keineswegs im Frühjahr, sondern vielmehr im Herbst.

Es handelt sich auch nicht um ein Wunder, dass die Pflänzchen des Crocus napolitanus im kühlen Norden gedeihen. Diese ausdauernde Krokussorte ist mittlerweile gut bei uns eingebürgert und in vielen Gärten anzutreffen. Allerdings ist das Klima von Husum dank der nahen Nordsee besonders mild, weshalb die Krokusse sich hier wohlfühlen und gut gedeihen. Deshalb konnten sie verwildern und sich äußerst erfolgreich vermehren.

Vielleicht führen die Geschichten um den vergeblichen Safrananbau auch einfach in die Irre. Denn die besagte Herzogin liebte auch ihren Garten und hat die exotischen Blümchen womöglich einfach nur zu Dekorationszwecken dort hineingesetzt. Auf den ständig bearbeiteten Gartenbeeten konnten sie sich allerdings nicht so gut vermehren. Sie sind auch nach der Blüte noch empfindlich, heute darf man deshalb den Rasen des Schlossparks bis Ende Mai nicht betreten.

Als Theodor Storm 200 Jahre nach der Herzogin am Schlossgarten vorbeispazierte, gab es dort nur vernachlässigte

Rabatten, von einem Blütenmeer keine Spur. Erst als die Stadt das Gartengelände aufkaufte und im Stil eines englischen Landschaftsgartens gestalten ließ, entstanden große Wiesenflächen unter den Bäumen, die den Krokussen optimale Bedingungen zur Vermehrung boten.

Wann es wieder losgeht, ist von der Intensität der Sonneneinstrahlung abhängig. Ein genauer Termin lässt sich deshalb nur schwer voraussagen. So explodierte die Pracht im Jahr 1990 schon Ende Februar, um Mitte März bereits verschwunden zu sein. Nach dem extrem langen, kalten und trockenen Winter von 2013 wagten sich die Blüten dagegen erst Mitte April hervor.

Doch eins ist gewiss: Der Frühlingszauber von Husum sucht seinesgleichen.

Husumer Krabbensalat

Zutaten für 4 Personen:

500 g Krabben
2 Zwiebeln
1 unbehandelte Zitrone
5 Gewürzgurken mit Sud
3 Ästchen Dill
50 ml Sonnenblumenöl
Salz, Pfeffer

Zubereitung:

Die Krabben in ein Sieb geben und unter fließendem Wasser gründlich abspülen. Anschließend gut abtropfen lassen.

Die Zwiebeln schälen und fein würfeln. Vom Gurkensud 2 El abnehmen und in ein Rührgefäß geben, die Gurken anschließend ebenfalls fein würfeln. Die Dillspitzen abzupfen. Die Zitrone waschen und vom gelben Anteil der Schale die 1 Tl entsprechende Menge abreiben. Anschließend die Zitrone auspressen und den Saft zum Gurkensud geben. Sonnenblumenöl, Dillspitzen und Zitronenschalenabrieb hinzugeben, mit Salz und Pfeffer würzen.

Danach die Zwiebeln, Gurken und Krabben vorsichtig unter die Sauce heben und den Krabbensalat abgedeckt 1 Stunde lang im Kühlschrank durchziehen lassen.

Mit knusprigem Weißbrot servieren.

Ein Schiff auf der Wiese – der Nord-Ostsee-Kanal

Die Insel Neuwerk und die Stadt Cuxhaven rechts neben uns liegenlassend folgen wir nun der Nordsee in Richtung Elbmündung. Wie ein breiter Trichter tut diese sich auf, um sich dann bei Brunsbüttel zum Flusslauf zu verengen. In dessen Mitte verläuft die Grenze zwischen Schleswig-Holstein und Niedersachsen. Würden wir der Elbe weiter folgen, so führen wir am Kernkraftwerk Brokdorf entlang, auf dessen Betriebszeitende im Dezember 2021 ein mindestens fünfzehnjähriger Rückbau folgt. Weiter ginge es an Glückstadt vorbei, bis wir nach Wedel kämen. An der Schiffsbegrüßungsanlage Willkomm-Höft erfolgte dann die offizielle Begrüßung durch den Hamburger Hafen, man würde sogar unsere Nationalhymne und ein paar Seemannsklänge dazu ertönen lassen, wenn unser Schiff eine Bruttoraumzahl von mehr als 1.000 aufweisen könnte.

Aber wir verlassen die Elbe bereits in Brunsbüttel und schippern links ab in eine Schleuse. Wenn sich deren Tore hinter uns geschlossen haben werden, heißt es, endgültig Abschied von der Nordsee zu nehmen. Nun geht unsere Reise nicht mehr übers Meer, wir cruisen stattdessen quer durchs Land. Denn hier beginnt der Nord-Ostsee-Kanal, kurz NOK, die künstliche Wasserstraße, die seit 1895 die beiden Meere auf einer Strecke von rund 100 Kilometern miteinander verbindet. Damit erspart sie den Schiffern nicht nur die beschwerliche

Fahrt durch Skagerrak und Kattegat, sondern auch eine ganz erhebliche Distanz, denn allein von der Elbmündung bis nach Grenen an der Spitze der Kimbrischen Halbinsel sind es auf dem Seeweg rund 600 Kilometer.

Und weil zwischen Nord- und Ostsee ein reger Schiffsverkehr herrscht, ist der Nord-Ostsee-Kanal die meistbefahrene künstliche Wasserstraße der Welt, und zwar weit vor dem Panama- oder dem Suezkanal. Durch den Suezkanal fahren jährlich nur halb so viele Schiffe, und der Panamakanal weist sogar deutlich weniger als die Hälfte an Schiffspassagen auf als der Nord-Ostsee-Kanal. Auf dem ist nämlich ganz schön was los. Rund 30.000 Schiffe durchqueren ihn Jahr für Jahr. Um der Wahrheit die Ehre zu geben, muss man allerdings noch erwähnen, dass durch die beiden anderen großen Wasserstraßen deutlich mehr Riesenpötte fahren. Deshalb werden über diese Kanäle auch erheblich mehr Frachtgüter transportiert.

An beiden Enden regulieren Schleusen den Wasserstand des NOK und verhindern, dass Ebbe und Flut der beiden Meere das Niveau im Kanal durcheinanderbringen. So hat er stets eine Tiefe von elf Metern. Am Wasserspiegel gemessen ist er zwischen 100 und 162 Meter breit, in der Sohle zwischen 44 und 90 Meter. Weitere Ausbaumaßnahmen sind geplant, um eine einheitlichere Breite zu erreichen.

Zehn Brücken leiten den Verkehr über die Wasserstraße hinweg, außerdem stehen 14 kostenlose Fähren bereit, um den Kanal zu überqueren. Die Überfahrt war von je her gratis, denn damit wollte man den Unmut der Bevölkerung über den künstlichen Schnitt durchs Land besänftigen.

Nicht nur das Wasser von Nord- und Ostsee fließt in den Kanal, auch die umliegende Landschaft wird teilweise in ihn hinein entwässert. Besonders das Einzugsgebiet der Eider ist betroffen, wodurch sich die Strömung des Flusses erheblich verringerte. In der Folge wurde die Eider empfindlicher gegen das Eindringen des Nordseewassers bei Sturmfluten, was umfassendere Schutzmaßnahmen erforderlich machte und schließlich zum Bau des Eidersperrwerks führte.

Durch die Zuläufe von Bächen und kleinen Flüssen geraten Schlick und Sedimente in das Bett des Nord-Ostsee-Kanals, und es muss ununterbrochen ausgebaggert werden, um schiffbar zu bleiben. Rund 6,6 Millionen Kubikmeter nasser Dreck werden auf diese Art pro Jahr aus dem Kanal gefischt. Ein Riesenaufwand, aber der Nutzen der Wasserstraße rechtfertigt alle Mühe.

Vermutlich hat man schon vor vielen Jahrhunderten darüber nachgedacht, den Weg von der Nordsee in die Ostsee zu verkürzen. Seit dem 7. Jahrhundert hatten die Wikinger mit Haithabu eine florierende Handelsstadt am Ostseearm Schlei, der weit ins Landesinnere hineinreicht. Von hier aus trennten sie nur noch 16 Kilometer von der Treene, die schließlich über die Eider zur Nordsee führt. Wäre es nicht praktisch gewesen, eine Wasserverbindung dorthin zu haben? Stattdessen mussten die Wikinger ihre Schiffe von Ochsen hinüber bis zur Treene ziehen lassen. Und bevor sie damit anfangen konnten, einen Kanal zu schaufeln, war ihre Epoche auch schon wieder vorüber.

Es dauerte danach mehr als 700 Jahre, bis sich im 18. Jahrhundert ein dänischer König der Sache annahm und einen Kanal von Kiel bis Rendsburg graben ließ. Ab Rendsburg ging es dann über die Eider weiter in Richtung Nordsee. Doch der Eiderkanal war eng und der Weg über den Fluss lang und beschwerlich. Da war man gut und gerne drei Tage lang unterwegs.

1864 kam es dann zum Deutsch-Dänischen Krieg. Kanzler Bismarck schlug mit der Faust auf den Tisch und verlangte

Pläne für den Bau einer Direktverbindung zwischen der deutschen Nord- und Ostseeküste. Die Gründe hierfür waren natürlich seestrategischer Natur, Handelsfahrten waren ihm ziemlich egal.

Es entbrannte ein heftiger Streit über Sinn und Unsinn eines solchen Kanals. So dauerte es mehr als 20 Jahre, bis man sich endlich auf einen Plan einigen konnte und der Reichstag den Bau der Schifffahrtsstraße billigte. Kaiser Wilhelm I. legte 1887 den Grundstein. Nach dem Kaiser wurde der Kanal auch benannt, dessen Bau satte 156 Millionen Goldmark verschlang, was ungefähr 1,5 Milliarden Euro entspricht. Hierbei überschritten die Baukosten übrigens – heutzutage unvorstellbar – nicht den zuvor veranschlagten Betrag. Unter anderem um die Kosten für den Kanal wieder einzufahren, wurde 1902 die Schaumweinsteuer eingeführt. Da diese bis heute existiert, wäre es interessant herauszufinden, wie viele Kanäle da inzwischen zusammengekommen sind.

Wilhelms Enkel, Kaiser Wilhelm II., eröffnete den „Kaiser-Wilhelm-Kanal" nach acht Jahren Bauzeit mit großem Pomp. Ein britischer Technikfreak reiste zu dem Ereignis an und fing es mit einem sensationellen neuen Apparat ein: einer Filmkamera. Sein Dokument „Opening of the Kiel Canal" vom 20. Juni 1895 ist die älteste Filmaufnahme aus Deutschland.

Seit dieser Zeit ist der Kanal nicht nur ein erfolgreicher Verkehrsweg, sondern auch eine Attraktion der besonderen Art. Längst werden die Passagezeiten der Schiffe im Internet veröffentlicht, sodass man nicht nur weiß, wer wann und wo vorbeifährt, sondern auch rechtzeitig zu den Durchfahrten der prächtigsten Kreuzfahrtschiffe anreisen kann. Entlang des Kanals führt ein befestigter Betriebsweg, der für Fußgänger und Radfahrer zugänglich ist. Man kann sich aber auch einfach ein Stück vom Kanal entfernt auf einem Aussichtspunkt niederlassen und dabei zusehen, wie die Hochseeschiffe scheinbar über die Wiesen cruisen.

Natürlich muss die Fahrt durch den Kanal bezahlt werden. Sportboote und kleine Segelschiffe kommen schon ab 12 Euro in den Genuss der Durchfahrt, Ruderer und Tretbootfahrer zahlen sogar nur 6 Euro. Für ein größeres Schiff von unter 100 Metern Länge und weniger als 18 Metern Breite werden knappe 400 Euro fällig. Größere Kähne mit mehr als sieben Metern Tiefgang, mehr als 18 Metern Breite und über 120 Metern Länge zahlen fast 6.000 Euro für die Passage. In diesem Fall sind neben dem Lotsen auch zwei Kanalsteurer an Bord, die dabei helfen, havariefrei durch die Engstellen zu manövrieren. Eine Fahrt um die Nordspitze von Dänemark würde die Betreiber der großen Schiffe dagegen mit Mehrkosten von mindestens dem Fünffachen belasten.

International heißt der Nord-Ostsee-Kanal übrigens „Kiel-Canal". Denn in Kiel-Holtenau kommen wir an, wenn unsere Schiffsreise quer durch die Wiesen Schleswig-Holsteins beendet ist. Durch die Kieler Förde geht es weiter in die Ostsee.

Und hier werden wir uns demnächst wiederbegegnen, wenn unsere Reise entlang der deutschen Küsten ihre Fortsetzung im Ostsee-Lesebuch findet. Bis dahin – Schiff ahoi!

Kohlrouladen nach norddeutscher Art

Zutaten für 4 Personen:

1 Weißkohl
2 Zwiebeln
400 g Mett
1 altbackenes Brötchen
1 Ei, 50 g durchwachsener Speck (gewürfelt)
500 ml Gemüsebrühe
100 ml Sahne
30 ml Speiseöl
2 Tl Senf
1 El Speisestärke
Pfeffer, Salz

Zubereitung:

Den Kohl putzen und den Strunk ringsum einschneiden. Wasser aufkochen, den Kohl ganz hineinsetzen. Nach 5 Minuten herausnehmen und die äußeren Blätter ablösen. So weiterverfahren, bis 12 große Blätter für die Rouladen abgelöst sind. Das Brötchen in Wasser einweichen. Die Zwiebeln schälen, eine fein würfeln, eine grob. Die feingewürfelte Zwiebel mit Mett, Ei, Senf, Pfeffer und dem gut ausgedrückten Brötchen verkneten. Drei Kohlblätter überlappend nebeneinanderlegen, ¼ der Füllung daraufgeben, die Kohlblätter darum herumklappen. Mit Küchengarn fixieren. Auf die gleiche Weise noch 3 weitere Rouladen wickeln. Das Öl im Schmortopf erhitzen und die grob geschnittenen Zwiebeln sowie den Speck darin anrösten. Die Rouladen hinzugeben und rundum gut anbraten. Mit Gemüsebrühe ablöschen, aufkochen und bei mittlerer Hitze abgedeckt 1 Stunde schmoren lassen. Dabei die Rouladen ab und zu umdrehen. Am Ende der Garzeit 4 El von der Brühe entnehmen, die Speisestärke darin lösen und in den Topf geben. Unter Rühren aufkochen, dann die Hitze reduzieren, die Sahne unterziehen und die Sauce mit Salz und Pfeffer abschmecken.

Mit Salzkartoffeln servieren.

Das letzte Wort

Liebe Leser,

ich hoffe, Ihnen hat unser Ausflug an die deutsche Nordseeküste gefallen.

Versäumen Sie nicht die umfangreiche Fotosammlung von der Nordsee auf meiner Webseite **www.almutirmscher.de**, die die Eindrücke aus diesem Buch ergänzt.

Natürlich freue ich mich über Ihre Tipps, Hinweise oder Anregungen und beantworte auch gerne Ihre Fragen. Schreiben Sie mir einfach an kontakt@almutirmscher.de.

Vielen Dank und…

…Tschüs. Bis bald im Ostsee-Lesebuch!

Ihre
Almut Irmscher

Danksagung

Ich danke allen, die mich mit Tipps und Anregungen unterstützt haben. Ganz besonders danke ich wie immer meinem Mann Ulrich Otto, ohne seinen Rat, seine Korrekturen, seine Aufmunterungen und seine ständige Bereitschaft, mir alle Hindernisse aus dem Weg zu räumen, wäre meine Arbeit nicht möglich.

Mein herzlicher Dank geht an meine Freundin Rosi Seidl, die mit vielen großartigen Aufnahmen dazu beigetragen hat, die Fotoalben auf meiner Website noch eindrucksvoller zu gestalten.

Und last but not least gebührt besonderer Dank meiner Freundin Gunhild Hexamer, die mich nicht nur durch die Jahrzehnte des Lebens begleitet hat, sondern auch die Entstehung meiner Bücher jedes Mal aufs Neue unermüdlich und engagiert mit ihren Hinweisen, Korrekturen und Anregungen begleitet. Sie ist es auch gewesen, die mir überhaupt erst den Anstoß zum Schreiben gegeben hat. Ohne Gunhild gäbe es meine Bücher nicht. Gunhild ist selbst Autorin, wenn Sie sich für Nordamerika interessieren, dann empfehle ich Ihnen ihre Bücher und die Website www.ghexamer.de.

1 Hallstedtermarsch (Region)
2 Seebüll
3 Husum
4 Sylt
5 Föhr
6 Pellworm
7 Halligen (Region)
8 Friedrichstadt
9 St. Peter-Ording
10 Wacken
11 Kiel
12 Nord-Ostsee-Kanal
13 Mittelplate
14 Helgoland
15 Cuxhaven
16 Elbe
17 Hamburg
18 Stade
19 Altes Land (Region)
20 Bremen
21 Bremerhaven
22 Leuchtturm Roter Sand
23 Eider-Sperrwerk
24 Wilhelmshaven
25 Jever
26 Ostfriesische Inseln
27 Borkum
28 Norden
29 Marienhafe
30 Greetsiel
31 Emden
32 Aurich
33 Papenburg
24 Suurhusen
35 Ostfriesland (Region)
36 Nordfriesland (Region)

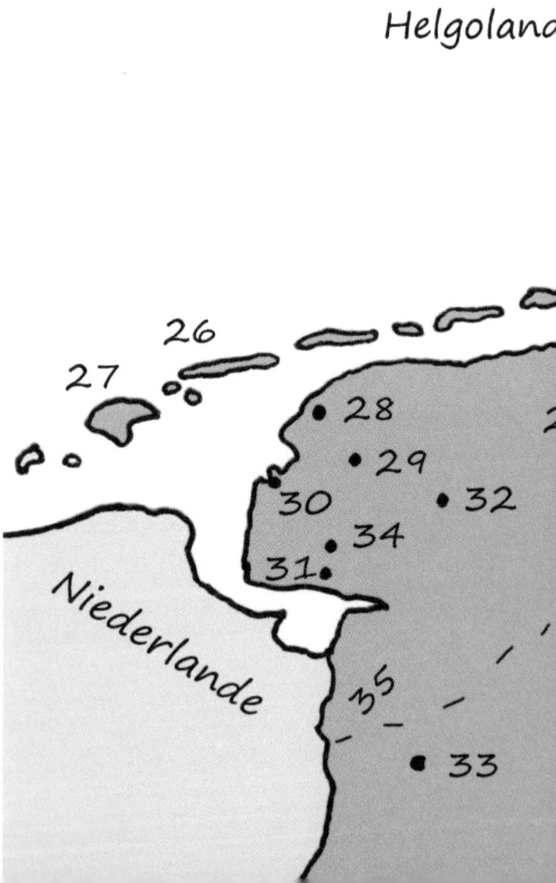

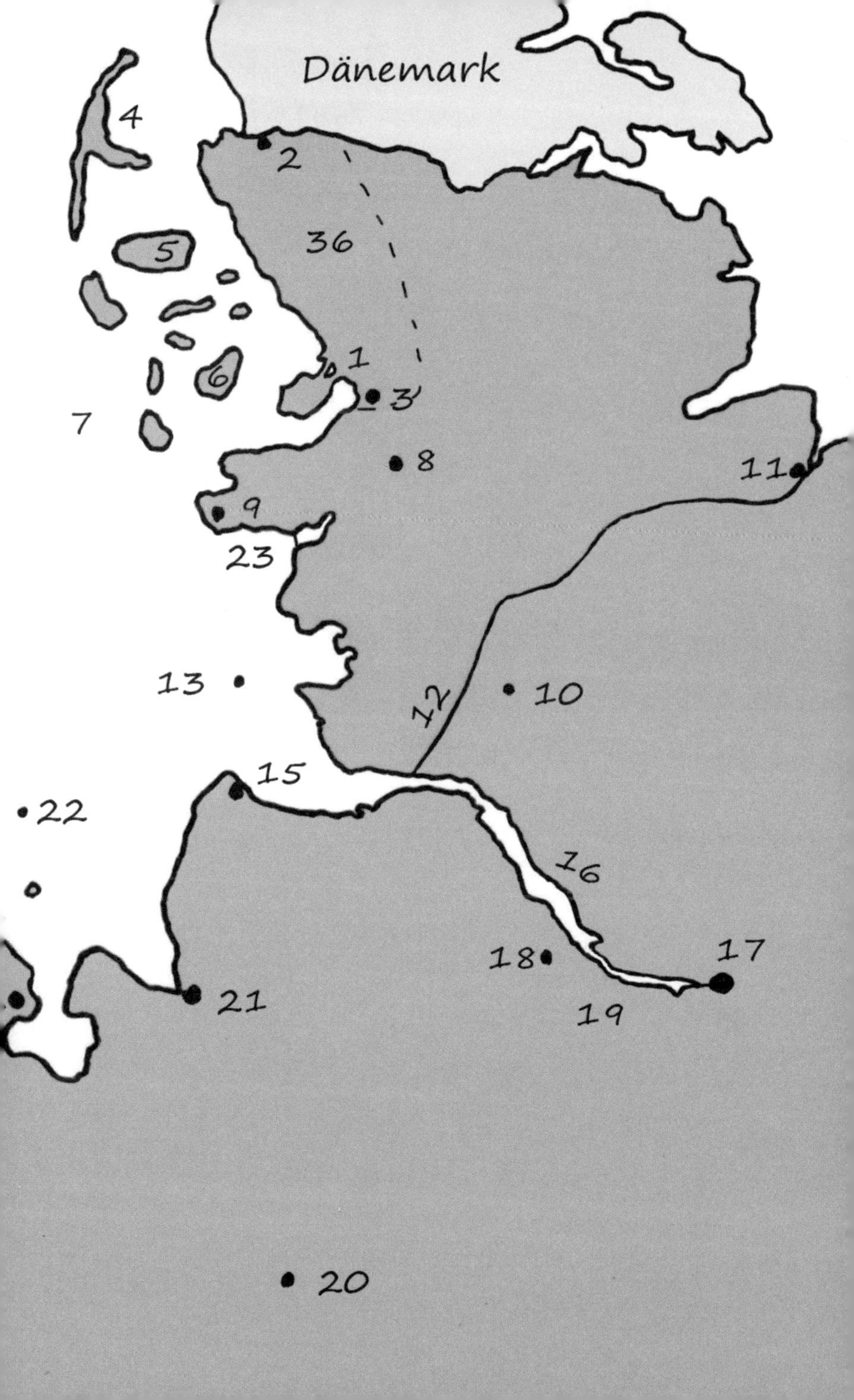
Dänemark
4
2
36
5
1
3
6
7
8
11
9
23
13
10
12
15
22
16
17
18
21
19
20

Wiesmoor, Ostfriesland

Greetsiel

Erinnerung an Rungholt

Zwischen Salzwiese und Watt

Am Ellenbogen, Sylt

Baltrum

Windmühle in Ostfriesland

Hindenburgdamm

Eine Hallig

Friedrichstadt

Jever, Wasserträgerin mit Hund

Am Nord-Ostsee-Kanal

An der nordfriesischen Küste

Eidersperrweg

Emil Noldes Garten, Seebüll

Sankt Peter-Ording

www.MANA-Verlag.de